高速铁路客运乘务专业系列教材

高铁乘务普通话与播音艺术

主　编　李媛媛　段亚琳
副主编　李秀然

西南交通大学出版社
·成都·

图书在版编目（CIP）数据

高铁乘务普通话与播音艺术 / 李媛媛，段亚琳主编．—成都：西南交通大学出版社，2020.6（2025.7 重印）
高速铁路客运乘务专业系列教材
ISBN 978-7-5643-7476-1

Ⅰ．①高… Ⅱ．①李… ②段… Ⅲ．①高速铁路–乘务人员–普通话–高等职业教育–教材②高速铁路–乘务人员–播音–语言艺术–高等职业教育–教材 Ⅳ．①F530.9

中国版本图书馆 CIP 数据核字（2020）第 106902 号

高速铁路客运乘务专业系列教材
Gaotie Chengwu Putonghua yu Boyin Yishu
高铁乘务普通话与播音艺术

主　　编／李媛媛　段亚琳	责任编辑／居碧娟
	封面设计／吴　兵

西南交通大学出版社出版发行
（四川省成都市金牛区二环路北一段 111 号西南交通大学创新大厦 21 楼　610031）
营销部电话：028-87600564　028-87600533
网址：https://www.xnjdcbs.com
印刷：四川森林印务有限责任公司

成品尺寸　185 mm×260 mm
印张　8　字数　190 千
版次　2020 年 6 月第 1 版　印次　2025 年 7 月第 7 次

书号　ISBN 978-7-5643-7476-1
定价　32.00 元

课件咨询电话：028-81435775
图书如有印装质量问题　本社负责退换
版权所有　盗版必究　举报电话：028-87600562

前 言

在市场经济条件下，市场竞争就是产品质量和服务质量的竞争。提高产品质量和服务质量、让用户满意是企业的必然选择，也是企业的生存基础和发展动力。铁路旅客运输要想在日益激烈的市场竞争中站稳脚跟，最重要的是提高客运服务水平，尤其是客运人员的职业素养，而普通话与播音艺术是提高铁路客运服务人员服务水平和服务技能的重要手段。

站车广播宣传是党的宣传工作的一部分，是社会主义精神文明建设的主要阵地，是铁路客运工作的一个重要内容，更是展现铁路风貌的一个重要"窗口"。各大院校高速铁路客运乘务专业也纷纷开设了服务礼仪、铁路旅客运输服务等方面的专业课程，但一直没有有关提高高铁乘务人员语言能力的合适教材。笔者多年来一直从事语言沟通的教学和研究，在客运服务语言教学方面积累了较丰富的经验，对高铁乘务服务礼仪、服务技巧非常熟悉和了解。本书的创新之处在于这一本教材对高铁乘务人员普通话和播音技巧训练这一空白领域进行了初步的探索和有益的尝试。

普通话与播音艺术是一门具有很强实践性的课程，其教材内容和教学方法必须与时俱进，跟进高速铁路客运乘务行业。本书从高速铁路客运的实际出发，系统地阐述了播音的基本原理和站车播音的基本内容训练，主要包括 10 个项目，按照播音发声原理概述、气息控制、共鸣调节、口腔控制、喉部控制等基本功训练和播音表达中内部及外部技巧、情声气、声音弹性等进阶训练的顺序由浅入深进行介绍。每个项目后面都配有相应的训练内容，充分注重实训性。

本书在编写过程中，参考了一些播音和铁路客运服务等相关著作，在此编者向这些相关著作的作者表示诚挚的谢意。限于编者水平，加之时间紧迫，本书不足之处诚望读者批评、指正。

编 者

2019 年 10 月

目 录

项目一　播音发声原理概述 ·· 1

　　典型工作任务 1　普通话语音基础常识 ·································· 1
　　典型工作任务 2　播音发声的物理、生理、心理基础 ······················ 3
　　典型工作任务 3　播音发声的特点 ······································ 7
　　典型工作任务 4　播音发声的要求 ······································ 9

项目二　播音发声气息控制基本功训练 ·· 15

　　典型工作任务 1　呼吸的三种方法 ······································ 15
　　典型工作任务 2　胸腹联合式呼吸法 ···································· 17
　　典型工作任务 3　服务、话务和播音中的用气发声 ······················· 20

项目三　播音发声共鸣调节基本功训练 ·· 27

　　典型工作任务 1　共鸣的三种方法 ······································ 27
　　典型工作任务 2　共鸣法的运用 ·· 30
　　典型工作任务 3　服务和播音中的共鸣运用 ····························· 33

项目四　播音发声口腔控制基本功训练 ·· 37

　　典型工作任务 1　口腔控制的要领 ······································ 37
　　典型工作任务 2　口腔控制的习得 ······································ 42
　　典型工作任务 3　服务和播音中的口腔控制运用 ························· 45

项目五　播音发声喉部控制基本功训练 ·· 50

　　典型工作任务 1　喉部控制的要领 ······································ 50
　　典型工作任务 2　喉部控制的习得 ······································ 53
　　典型工作任务 3　服务和播音中的喉部控制运用 ························· 57

项目六　播音表达内部技巧训练 ·· 61

　　典型工作任务 1　展开情景再现 ·· 61

  典型工作任务 2　捕捉对象感 …………………………………………… 63
  典型工作任务 3　挖掘内在语 …………………………………………… 65

项目七　播音表达外部技巧训练 ……………………………………………… 74
  典型工作任务 1　停连的节律 …………………………………………… 74
  典型工作任务 2　重音的变化 …………………………………………… 80
  典型工作任务 3　节奏的把握 …………………………………………… 83
  典型工作任务 4　语气的掌控 …………………………………………… 87

项目八　播音表达中情声气结合训练 ………………………………………… 93
  典型工作任务 1　情声气的关系 ………………………………………… 93
  典型工作任务 2　情声气的结合 ………………………………………… 95
  典型工作任务 3　情声气结合的注意事项 ……………………………… 97

项目九　播音表达中声音弹性训练 ………………………………………… 101
  典型工作任务 1　声音弹性及表现特点 ……………………………… 101
  典型工作任务 2　获得声音弹性的技巧 ……………………………… 103
  典型工作任务 3　声音弹性对比训练 ………………………………… 104

项目十　高铁乘务播音训练 ………………………………………………… 109
  典型工作任务 1　高铁乘务播音的特点和要求 ……………………… 109
  典型工作任务 2　高铁乘务播音的技巧 ……………………………… 111
  典型工作任务 3　常见及特殊情况处理技巧 ………………………… 115

参考文献 ……………………………………………………………………… 121

项目一　播音发声原理概述

 学习目标

1. 知识目标
（1）了解普通话语音基础常识。
（2）掌握普通话语音的发音要领，具备标准普通话语音能力。
2. 能力目标
（1）掌握播音发声的物理、心理基础。
（2）了解播音主持的基本特征和要求。
3. 素质目标
（1）在播音过程中能够字正腔圆、声情并茂。
（2）具备语音变化和运用的能力。

典型工作任务1　普通话语音基础常识

 任务导入

在汉语中，一个音节写下来就是一个汉字。"我是中国人"五个音节写下来就是五个汉字，有极少的情况例外，如"一下儿"这三个字念两个音节，"下儿"念一个音节为"xiàr"。普通话声母和韵母相拼构成的音节（包括零声母音节）有400多个，加上声调的区别，有1200多个音节。这1200多个音节能量无限，它们构成了汉语普通话成千上万的词汇和丰富多彩的语言形态。

 知识准备

一、语音的单位

（一）音节和音素

1. 音　素

音素是从语音的自然属性角度划分出来的最小语音单位，是从音色角度用对比的方法从音节中切分出来的。音素的不同取决于音质的不同，i 和 ü 不同，所以是两个音素。

2. 音　节

音节是语音结构的基本单位，是人们听觉上最自然、最容易分辨出来的语音单位。在汉语中，多数情况下一个汉字就是一个音节，如"中国人"这个词包含三个音节。但也有例外，如儿化音"一块儿"就是两个音节。音节是由音素组成的，"啊"包含一个音素，"美"包含三个音素，"电"包含四个音素。

（二）元音与辅音

根据语音的物理性质和生理性质，可以把音素分为元音和辅音两大类。发音时，声带振动，气流通过口腔基本不受到阻碍而形成的音素叫元音（又称母音），如 a、o、e 等。发音时，声带不振动，气流受到口腔或咽头等发音器官的阻碍而形成的音素叫辅音（又称子音），如 b、p、m，等。元音和辅音的区别主要有以下四个方面：

第一，发元音的时候，气流在整个声道内顺利通行而不受任何阻碍，而发辅音的时候，声道的某一部位封闭起来形成阻碍，气流必须克服这种阻碍才能通过。比如发汉语普通话"ba"中的"b"时，双唇闭拢，形成对气流的阻碍，然后双唇打开，气流才能冲出口腔发出音来。发音时声道内是否形成阻碍，是元音和辅音之间最主要的区别。

第二，发元音的时候，发音器官各个部分的紧张程度是均衡的，而发辅音的时候，形成阻碍的部位就会特别紧张。比如发汉语普通话"ba"中的"b"时，双唇这个部位就会特别紧张。

第三，发元音的时候，呼出的气流畅通无阻，因而气流较弱，而发辅音的时候，呼出的气流必须冲破阻碍才能通过，因此气流较强。

第四，发元音的时候，声带都要振动，因而元音比较响亮，而发辅音的时候，浊辅音需要振动声带（如 m、n、r、l），清辅音则不需要振动声带（如 s、sh、x）。普通话只有很少几个辅音发音时声带是振动的。

（三）声母、韵母、声调

按照汉语传统音韵学的分析方法，一个音节可以划分成声母和韵母两部分，再加上一个贯通整个音节的声调。韵母又包含韵头、韵腹、韵尾几部分。

1. 声　母

声母是汉语音节开头的辅音。大多数音节开头的音素是辅音，如"太"的辅音 t 就是它的声母，"而""熬"这样的音节不以辅音开头，叫作"零声母"音节。

普通话的辅音一共是 22 个，除了"ng"只充当汉字"嗯"的声母不列入常用声母外，其余 21 个辅音均是常用声母。这样，算上"零声母"，普通话里常用声母的数量就是 22 个了。

声母和辅音不是一个概念。声母可以由辅音充当，但辅音"ng"除充当"嗯"的声母外,更多的时候不做声母。只做韵尾。辅音"n"既可以在音节开头做声母,也可以在音节末尾做韵尾。

2. 韵 母

韵母指音节中声母后面的部分,它主要由元音构成,鼻韵母由"n"或"ng"做韵尾。普通话的韵母可以是一个元音,也可以是两个或三个元音的组合,还可以是元音和辅音的组合。

根据音素在韵母中的地位,可以分为韵头、韵腹、韵尾三部分。韵腹是主要元音,开口度较大,声音较响亮。韵头指韵腹前面的元音,充当韵头的都是高元音i、u、ü。韵腹后面的音素叫韵尾,充当韵尾的音素有高元音i、u和鼻音n、ng。如在"先"(xiān)这个音节中,"iān"是韵母,其中"i"是韵头、"ā"是韵腹、"n"是韵尾。不是每一个韵母都韵头、韵腹、韵尾三部分俱全,但必定有韵腹。

韵母根据开头元音发音口型,可分为开口呼、齐齿呼、合口呼和撮口呼四类。开口呼指没有韵头而韵腹不是i、u、ü的韵母,如a、o、e、ai、ou、eng等;齐齿呼指韵头或韵腹是i的韵母,如ia、ie、iou、in、ing等;合口呼指韵头或韵腹是u的韵母,如u、ua、uo、ua、uan等;撮口呼指韵头或韵腹是ü的韵母,如ü、üe、üan、ün等。

3. 声 调

声调是指音节中具有区别意义作用的音高变化。普通话共有四种声调,分别是阴平、阳平、上声、去声。声调可以区别意义,如"下雪"和"瞎学","灰""回""毁""会"。声调是音节的重要组成部分。

典型工作任务 2 播音发声的物理、生理、心理基础

 任务导入

人们运用语言传递信息、表达感情的时候都离不开语音,无论是听和说,乃至读和写,都离不开人们说话时发出的声音。因为语言是声音和意义的结合体,语言中的字、词、句是以语音的形式存储在大脑中的,大脑的语言区只承担对语音信息的处理。对语音信息的研究离不开生理学、物理学、心理学的分析。播音发声学研究的是如何通过科学理论的指导,通过听、辨、记的手段,提高自我调节发音动作的能力,提高发声效率,提高发声质量。

语言是人类特有的一种符号系统。当用于人与人的关系的时候,它是表达相互反应的媒介;当作用于人和客观世界的关系时,它是认知事物的工具;当作用于文化时,它是文化信息的载体。语言是一种社会现象,是进行思维和表情达意的工具,与人的

心理活动有关。下面主要从发声的物理基础、生理基础和心理基础三个方面简述语言发声的基本原理。

 知识准备

一、播音发声的物理基础

声学基础是分析语音的一种方法。所有的声音都可以从四种要素即音高、音强、音长和音色来分析。语音是由人的发音器官发出来的带有言语信息的声波,同样也可以从声音的四要素进行分析。

(一)音　高

音高指声音的高低,决定于声波的频率。频率的单位为赫兹,即声波每秒振动的次数。频率高,声音就高;频率低,声音就低。频率每增加一倍,音高的感觉会随之增高一倍。人的听觉感觉对高音会感到尖锐、紧张;对中音会感到厚实、明亮;对低音会感到低沉、松弛。

音乐中所说的音高是绝对音高,每个音名都有固定的频率;而言语中所说的声音的高低指的是相对音高,是相比较而言,频率不固定。对于大多数人来说,音高则只是一个相对概念,人们在区别声音时,很少去判断它的绝对音高,而仅仅注意声音的相对音高。比如有人说"母亲高声呵斥""父亲低沉的嗓音",这是他们把家庭中所有人的不同音高做了比较之后得出的相对判断,是人们依据后天的经验,将各种声音信息比较之后形成的音高的层次感。

音高的感觉存在主观评价差异。如儿童会觉得父亲声音很低沉,等她长大以后又会觉得父亲的声音并没有那么低沉。又如,男人会觉得某个女性的声音很尖、很细、很高,但让女人对他的声音进行评价,结果往往和男人的评价并不一样。这些反映了音高标准的相对性,也反映了音高的客观量和主观量的相对性。一般来说:发音体大、长、松、厚,振动慢,频率低,发出的声音音高就比较低;发音体小、短、紧、薄,振动快,频率高,声音音高就比较高。一个人要改变自己的音高,需要控制声带拉紧或放松。汉语中声调主要显示音高的变化,音高的变化在汉语中有区别意义的作用。

(二)音　强

音强是指声音的强弱,是由声波的振动大小决定的。一定频率的声波振动大,声音就强;振动小,声音就弱。音强是指声音强度本身客观的物理特点,而人耳对声音强度的感受叫响度,这是人的听觉的主观感受。从发声的角度考虑音强,我们需要注意,音强增强、发音体振动加大,表明声源消耗能量加大,作为人类发声动力的呼出气流就需要增大,增大流量,提高流速。语音的响度和声压的能量,两者虽然存在比例关系,但并非正比例关系。一般来说,语音的音高和音强也往往有连带性,发音加强的时候声调也多数偏高。同样，如果声调提高，则声音响度也会增大，听起来也会更响亮些。

（三）音　长

音长是指声音的长短，即声音的时值，它取决于发声体振动的持续时间。计算音长通常以毫秒为单位，人耳可以听出接近零音强的声音，说明人耳对声音的感觉有极高的灵敏度。从播音发声的角度，应当注意在语流中，音长与音高、音强以及音色一起在区别词义、明确语句目的或表现情感的分寸时起着重要作用。因为没有一定的音长，就无法展现音高以及音强和音色的变化。

人的发音器官经过训练，发音能力会有很大提高，但是一味地加快节奏会有损于听觉对传递信息的分辨和理解。我们要考虑到人耳对音长反应的特点，汉字一个音节一般由1~4个音素构成，其中由2~3个音素构成的音节最多。人的口齿可以训练得非常伶俐，有的播音员每分钟可以播读250个音节，甚至更多。但是这个时候，人的听觉感受速度过快的波音会感觉特别累，难以听清，导致难以分析判断，最终的结果是难以理解。

（四）音　色

音色也叫音质或音品，是指声音的特色和本质。音色决定于声波的含量（即所含的泛音的数目）和它们的相对强度（即声谱）。

语音不是只包含一个频率的纯音，而是一个包含几个纯音的复音，导致不同音色的原因主要有：①发音体不同；②发音方法不同；③共鸣器形状不同。在人类的语言中，音色包含两个方面的含义：一是区分不同的音素；二是指不同的声音色彩的区分。

人类听觉器官对音色的分辨能力非常强。每个人都有一双与别人不同的耳朵，对音色的感觉带有复杂的心理成分，从而形成千差万别的"主观评价"，人类听觉的适应即对于音色的区分具有相对性。人们文化素质的高低决定了他们对音色的要求和喜好也会不同。由于年龄差异，人耳听觉的生理变化也会对同一音色做出不同判断。此外，情绪因素及生理原因都会对音色的变数产生影响。

所以，我们在调整语音发声的过程中，要对音色做出判断，从主观上对原有音色和将要调整的音色有了区别和认识，才好进行调整。因为音色的好坏、美丑感觉依附于一定的发声物理基础，然而就个人的感受来说，又带有极大的主观随意性。

二、发音的生理属性

语言的形成是人体发音器官对大脑相关指令的执行过程，是发音器官活动的结果。要加强调节发音动作的能力，提高发声效率，提高发声质量，就需要了解发音器官的功能，分析发音器官发生活动的规律。发音器官是指在言语活动中参与发音动作的人体器官，呼吸运动时呼出气流，从肺通过支气管，气管到喉，在喉部引起声带振动，产生基音，同时也使呼出的空气产生同步振动。气流在经过咽腔、口腔或鼻腔的过程中，基音进一步引起各种共鸣腔的共鸣，使声音得到扩大和美化，在口腔中还受到了唇、齿、舌、腭等的节制，在对共鸣腔进行调节、对呼出气流构成阻碍和克服阻碍的过程中，形成了负载信息的语言符号语音。这些在发音中起着不同作用的器官，按呼出气流运动的方向，由下而上分为三部分，即动力系统、声源系统和成音系统。如图1所示。

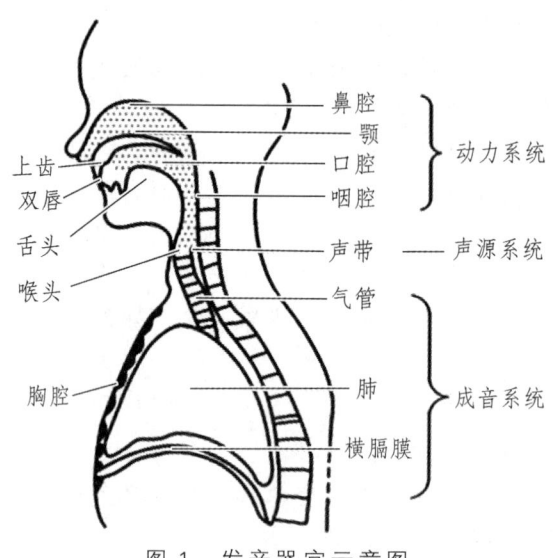

图1 发音器官示意图

（一）动力系统

由肺呼出的气流是发声的动力。动力系统指的是为人体发音提供动力的系统，主要由肺气管胸廓以及膈肌腹肌等器官和相关肌肉组成。

（二）声源系统

由肺呼出的气流经过气管通过喉部时，处于喉部的声带可在气流的作用下产生振动，发出声音。声源系统主要指喉和声带。喉的位置位于气管的上端，喉由多块起支架作用的软骨和调整其运动的肌肉构成。正是喉部肌肉的运动使喉部的状态发生变化，从而使声带的长短、薄厚发生改变，致使所发声音的音高、音色产生变化。

（三）成音系统

成音系统也称为共鸣系统，声带振动发出的声音叫喉原音。喉原音很微弱，但经过共鸣后得到扩大和美化，形成不同的音色。声道是人类发声的共鸣器官，成音系统在喉以上主要有喉腔、咽腔、口腔与鼻腔几个部分，喉咙以下的胸腔也起着重要的共鸣作用。

三、发音的心理属性

人类有声语言的产生是从一个有声语言代码介入的意识活动开始的。这一活动是在说话人大脑言语中枢中进行的。当语言信息的意识活动被编为语言代码后,传递到控制发音的大脑皮层特定区域,这时说话的意识活动变为发音动作的指令,通过神经系统控制人体发音器官,经过调节有配合的动作,使空气产生压力变化,产生言语声波。发音过程中,发音器官的运动和发出的声音,时时处在说话人自己的监督之下,这样才能保证发音的准确无误。对发音动作的监督,通过发音器官和所属肌肉上的感觉神经进行,这些感觉信息被神经系统传回大脑感觉中心,通过大脑中的一个特殊系统对信号加以核对检查,核查无误,发音器官才会继续动作。由于这一过程是极其迅速的,人们往往对此毫无觉察。实际上我们一边讲话,大脑同时不断接到反馈的信号,对发音动作进行校正。这种保证发音器官动作不偏离正确运动的监督控制过程,是发音过程的动觉反馈。

在发音过程中,心理活动起着决定性作用,但发音器官运动协调仍然是不可忽视的。如果发音器官不具备熟练的发音能力,大脑发出的指令就不能顺利完成,就会出现发音不流畅、发音不准等各种发音毛病。因此,进行加强发音能力的吐字、发声训练具有特殊意义,听觉器官在发音过程中是必不可少的,有时我们甚至将耳也作为发音器官的组成部分。在锻炼发音器官的同时,也应当注意提高听觉感受能力。

典型工作任务 3　播音发声的特点

任务引入

在日常生活中,我们听到的播音员的声音都是很有特色的,并且音色都非常优美。这是为什么呢?播音员在播音发声时又有哪些特点呢?

知识准备

播音员是以有声语言为表达手段的广播新闻工作者。有声语言是播音工作者依据稿件、提纲或腹稿传情达意、进行再创作并确立自身形象的唯一手段或主要手段。所以,播音工作者应该客观地认识、评价自己的声音,注意锻炼自己的声音,并学会驾驭自己的声音,使之成为运用自如的创作手段。

播音发声的特点是:以实声为主的虚实结合,声音清晰圆润;声音变化幅度不大,但层次丰富,表情达意准确;接近口语发声,状态自如,声音流畅。

播音发声与生活中的口语及其他艺术语言发声相比,由于声音的传递手段不同,播讲者的身份不同，受众的审美要求不同，所以具有自己的特点。

播音是新闻工作的一个组成部分，新闻的真实性、准确性要求播音员员用声一般在自然音域内，中声区偏低的部分运用较多，音色要大方、明朗、干净，艺术夸张、装饰较少，少使用假声。

播音是通过传输设备、利用电波进行传递的，故播音发声应集中均匀，对比适度，纯净度高，音高、音强的变化不宜太大，但是在其他声音背景中应具有较强的穿透力。

播音语言信息负载密度大，受众的层次不同，收听、收看的环境各异，故播音发声应吐字清晰、准确，同时圆润、流畅。

由于播音员的特殊身份，受众对他们的发声也有较高的要求，即亲切、自如、优美、动听、感染力强，且具有比较鲜明的特色。

播音发声源于生活中口语的发声，和其他艺术语言相比是最接近口语的发声，但绝不等同于生活中口语的发声，它是生活中口语发声的规范、提炼和升华。

我们对播音发声的要求可以归纳为这样几句话：

> 准确规范，清晰流畅；
> 圆润集中，朴实明朗；
> 刚柔并济，虚实结合；
> 色彩丰富，变化自如。

由于发音条件不同，每个播音员的声音都有自己的特色与个性。我们只能在自己发音条件的基础上，发挥所长，克服所短，逐步扩展自己的发声能力，找到自己最好的声音，用好自己的声音。

每个人的发声器官都有自己的特点，在音高上就体现为音域范围不同。一般人的音域范围在一个半到两个八度之间，这叫自然音域。生活中口语的变化幅度仅仅在自然音域底部的不到一个八度的范围内。在我们的自然音域中，除去最高和最低的几个发得不自如的音之外，中间的一段我们叫它自如声区。播音发声一般要求自如声区达到一个半八度以上为好。在自如声区范围里偏低的部分运用最多，要练扎实。如果自己的音域较窄，最好也是在自己的自如声区偏低部分练扎实的基础上逐渐扩展。

每个人的自然音域都是由自己的发音器官的构造，特别是声带的状况决定的，所以一定要根据自己的声音条件进行训练和使用，不要人为地拔高或压低使喉部处于不自然状态。长期处于这种状态将有损发声器官的健康。

另一个因人而异的是音色。不同的音色造就了每个人不同的声音"形象"，而每一个人在发音时由于声门状态的不同和对共鸣器官的调节不同，又能够形成表达不同情感、分量的千差万别的声音色彩。

播音发声对音量的要求是强度不高，幅度不大，层次要多。播音发声需要面对话筒，话筒与口的距离只有30厘米左右，录音增音与发射设备都有音量调节电位器和自动增益、限幅功能。这也是播音发声的一大特点。

播音发声中对音量大小的要求没有绝对的标准。对于每个播音工作者来说，由于节目目的不同，稿件体裁不同，甚至播音员精神状态、身体状况不同，音量大小都会不同，要根据每个人的声音条件和用声习惯来确定。但使用比生活中口语发声音量稍大的音量,有利于练习驾驭自己的声音。音量过大需要增大用气量,加大发声器官的紧张度;音量过小,对比度就差,吸气声及背景杂音容易混入。同时,播音发声音量变化的幅度要掌握好,变化幅度过大会影响声音的清晰度。但是有些播音员语言太平淡,表现力差,则也应该考虑这是否是音量变化的幅度太小所致。

总之,播音发声中对音量的控制应该体现出丰富的层次来。作为表达丰富的思想和感情色彩的一种手段,丰富音量的层次性,再配合音长以及音高的变化,体现出语言的变化,可以增强语言的表现力。

播音发声对音长的要求同样没有绝对的标准,但是每个音节的发声音高、音强和音色都需要在一定的音长中展现,即每个音节要保证一定的时值。声调对音节时值有影响。普通话四个声调中,上声时值最长,去声时值最短。在语流中,往往需要特别强调的音节,处在语句重音位置的音节,最集中体现在语句目的的音节时值较长。长到何种程度则要视播音工作者对语言表达的理解和表达的需要而定。在普通话中,音长的变化虽然没有区别词义的作用,但是在语流中对语句目的强调的程度以及情感表达的分寸都有重要的作用。音长和音高、音强、音色一起决定有声语言表达是否准确到位。

发音吐字是播音工作者必须修炼的一项基本功。播音工作者发音吐字的综合感觉应该是这样的:声音像一条弹性的带子,下端从小腹拉出,垂直向上,至口咽腔,沿上腭中纵线前行,受口腔的节制,形成字音,字音好像被"吸着"而"挂"在硬腭前部,由上门齿处弹出,流动向前。如何取得这种发音的总体感觉呢?这正是播音发声所要讲述的问题,大致可以概括为下边的几句话:

>气息下沉,喉部放松。
>不僵不挤,声音贯通。
>字音轻弹,如珠如流。
>气随情动,声随情走。

前两句讲的是发音,第三句讲的是吐字,最后一句讲声音的弹性及情、声、气的关系。

典型工作任务4　播音发声的要求

 任务引入

播音发声的最终目的是要传递信息,表达感情。所以播音工作者在播音的过程中,一要服从于稿件或者是话题的界定,服务于播讲目的;二要调动起运动着的思想感情,达到"情、气、声"的和谐统一。总之,"情"要取其高,"声"要取其中,"气"要取深,以达到字正腔圆、清晰持久、刚柔自如、声情并茂的境地。

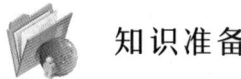 **知识准备**

播音发声对吐字的要求可以归纳为以下几个内容：准确、清晰、圆润、集中、流畅。

准确，指的是字音准确规范，也就是字正。这是我们必须做到的。要按照普通话语言规范吐字发音，只能在符合语音规范的前提下，把字音发得更完美、更悦耳，而不能违反语音规律。播音吐字的准确性甚至要强调一般人不易察觉的细微的发音部位、发音方法以及唇形、舌位的要求和字调、语调的标准、规范。这比一般人所理解的发音规范要求更为严格和精细。

清晰，指的是字音清晰。这也是播音发声的一大特点。因为我们是要通过有声语言把思想感情和各种信息传达给听众，宣传效果和有声语言的质量有着密切的关系。比如声母 z、c、s 和 zh、ch、sh 由于发音部位不正确而带有很大的杂音、噪音，那么通过传输设备传递到听众、观众的耳朵里的时候，就会变得非常刺耳，甚至一些关键的字、词会因不清晰而影响信息的传达。吐字清晰是对播音员的第二个要求。播音员清晰的吐字建立在发音准确的基础上，但准确并不能代替清晰，吐字清晰也不像有些人所想象的那样，是单纯依靠加大发音音量获得的。在播音实践中，吐字清晰建立在行之有效的发音技巧上。

圆润，是播音吐字的第三个基本要求。人们常常将圆润的声音与嗓音联系在一起。的确，吐字与嗓音构成一个密不可分的结合体。不过通过仔细分析，我们还是可以把由嗓音形成和由吐字形成的圆润音色区别开来。我国传统说唱中形容圆润吐字为"吐字如珠"，这种说法形象地勾画出字音的圆润与吐字动作间的密切关系。汉语普通话的音节特点是音节分明、结构工整，以及音节具有明显的动作过程。另外，每个音节还有自己的声调。在发音过程中，汉语对吐字动作有着与其他语言不同的特殊要求。满足这些要求，发音会给人一种圆润动听之感；不能满足这些要求，发音就显得干瘪、松散。圆润动听的吐字能保证语音中信息和情感更丰富、更准确。圆润，我们还应理解为，在吐字的过程中，应保持较丰富的泛音共鸣，使语音悦耳动听，也就是要实现"腔圆"的要求。这是对吐字的审美要求，也是播音员、话务员在播音发声中所追求的境界。

集中，指的是声音集中。集中的声音容易入耳，更能唤起听众的注意，打动人心。另外在传输设备中，和播音工作者距离最近的话筒，接受声能是有方向性的。如果声音集中，则事半功倍，既省力，又保证了声音质量。要做到声音集中，则需要发声过程中有关发音器官的力量相对集中。此外，在发声过程中，使自己的声音有目标，有距离感，加强对象感和交流感也是使声音集中的必要条件。声音集中才能具有"磁性"，具有"穿透力"。许多优秀播音员都是在经过多年的磨炼之后，才具备了"声声入耳"的吐字能力，即使在十分嘈杂的背景杂音中，他们的声音也能穿透杂音进入听众耳中。

流畅，是说我们发出的每一个字音、每一个音节都融汇在语流当中，听众听的不是一个一个单独的音节，而是在语流中来获取信息，受到感染的。这要求我们吐字归音必须灵活自如、轻快流畅。

人的大脑中语音存储的单位是词，听觉、感觉分析处理的基本单位也是词。我们学习语音，学习发声分解到字（音节），分解到音素，是为了发现问题，修正问题，而绝不是要把有声语言以字的形式表现出来。汉语中基本一个字为一个音节的书写形式也绝不是让我们把说话变为说字、念字。在学习中我们要体会在多音节词中音节与音节之间的流畅过渡。我们强调字音珠圆玉润也不是要求一盘散珠，而是要获得串珠的感觉。另外，强调每一个音节，从语言表达的角度来看也是要明确，在语句中汉语的每一个音节都有可能处在最体现语句目的的位置，而为了突出、明确语句目的，往往要对这一个音节做突出的展现。我们应该有能力在语句中把需要突出的音节做出最完美的处理。

项目训练

一、青藏铁路列车广播稿——西格段（西宁—格尔木）介绍

1. 西宁站（西宁市）

各位旅客，青藏铁路的起点站西宁车站就要到了。下面我向您介绍一下西宁市概况。

在中国版图的西北角，世界第三极——青藏高原上，坐落着一座有2100多年历史的古城——西宁。西宁是青海省省会和青海省的政治、经济、文化、交通中心。西宁取"西陲安宁"之意，是青藏高原的东方门户，地理位置十分重要，古有"西海锁钥"之称。西宁位于青海省东部、青藏高原北部、湟水谷地，海拔2275米。因地势险要，自古以来是兵家必争之地。西宁是西汉将军赵充国屯田的基地，是历史上丝绸之路青海道的通衢和"唐蕃古道"必经之地，历来是沟通中原与西部边地的重要城镇。今天的西宁市，为兰青铁路终点、青藏铁路和青藏公路起点，是通往青藏高原腹地的交通要道。

各位旅客，西宁市辖区面积350平方千米，城区面积50平方千米，是一个有汉、藏、回、蒙古、满、土、撒拉等民族聚集的城市。周围群山环抱，冬无严寒，夏无酷暑，气候宜人，年平均温度6摄氏度左右。这里的天是湛蓝的，水是清澈的。这里有丰富的自然景观与人文景观，是世人公认的"中国夏都"，自然与文化相辉映的旅游胜地。市内有天险之胜的小峡奇观，有古朴清雅的北禅寺，有面朝北方的宁寿塔，有名震西北的东关清真大寺，有藏传佛教圣地塔尔寺，有奇峰突兀的老爷山，有历经沧桑的虎台遗址。充满诗情画意的旅游景点，使游客流连忘返。

2. 青藏铁路简介

旅客朋友们，我们的列车徐徐开出西宁车站，已经驰骋在举世瞩目的青藏铁路上。建设进藏铁路，是我国历代领导人和铁路建设者的夙愿，也是青藏各族人民的殷切企盼。从毛泽东、周恩来到邓小平等老一辈党和国家领导人，都极为重视修建青藏铁路，但由于受当时国家财力所限，加上高原冻土等技术难题难以解决，到20世纪80年代，青藏铁路只建成了西宁至格尔木段。21世纪之初，党中央做出了建

设青藏铁路格尔木至拉萨段的重大决策。青藏铁路的全线通车运营，在青藏高原上开辟了一条经济、快速、大能力、全天候的运输大通道，不仅对密切青海、西藏与内地经济、文化的联系，增强民族团结，保持社会稳定，加快青藏两省区经济社会发展具有重大作用，而且对国家实施西部大开发战略、促进各地区协调发展也具有极其重要的意义。

各位旅客，青藏铁路起于青海省省会西宁市，终点是西藏自治区首府拉萨市，全长1956千米。青藏铁路分两期工程。西宁至格尔木全长814千米，1974年全面开工建设，1984年建成交付运营。格尔木至拉萨全长1142千米（含已建成的格尔木至南山口32千米），2001年6月29日开工建设，2005年10月12日全线铺通，2006年7月1日通车运营。

旅客朋友们，2006年7月1日注定是一个特别值得纪念的日子。青藏铁路的全线建成和开通运营，标志着中国人民又创造了一项彪炳人类铁路建设史册的奇迹！今天，我们将乘着钢铁巨龙，腾飞在青藏铁路这条给青藏各族人民带来幸福吉祥的美丽"天路"上，跨越横空出世的莽莽昆仑，穿过长江源头沱沱河，翻越白雪皑皑的唐古拉山，绕过妩媚迷人的藏北草原，直抵神奇秀丽的拉萨河畔。我们将在"世界屋脊"触摸明丽的蔚蓝天空，呼吸洁净的清新空气，领略雄浑的雪域风光，感受神秘的历史文化，体验浓浓的藏胞情意。

二、兰州铁路局（进藏）列车播音广播稿

列车始发前通告

1. 通知迎接旅客

各节车厢乘务员请注意：车站已经开始检票了，请打开车门迎接旅客上车。

2. 开始播音

旅客朋友，大家好！今天是2018年4月7日，星期六，欢迎朋友们乘坐本次列车，本次列车是由拉萨开往到上海方向去的T166次列车。

3. 开车前10分钟通告

旅客朋友大家好！本次列车是由拉萨始发的T166次列车，开车时间是11点17分，列车还有10分钟就要开车了，有上错车的旅客和送亲友的朋友请下车。

旅客朋友，大家好！本次列车在优美、欢快的音乐声中离开了拉萨车站，您的旅行和我们的服务工作同时开始了，在这里，我们全体乘务人员向您问好，并祝愿旅客旅行愉快，一路平安。今天服务在你们身边的是上海铁路局上海客运段拉萨车队第1乘务组，我们将陪伴大家一起度过旅行生活。预祝大家一路有个好心情，轻轻松松度过旅行生活。我们的列车即将离开这座美丽的城市，离开了熟悉的家，远离了亲人的关怀，列车上小小的活动空间可能会使您在旅途中感到单调困倦，现在就请您随着音乐的节拍走进我为您主持的《和谐铁路之声》专题广播。它将为您带来一路的欢乐与温馨。旅客朋友，当您踏上这趟列车，你的旅行生活就开始了。你上车以后一定很关心自己的座席、铺位。请您看清车票标明的座席号或铺位号。当您找到座位后，请摆放好自己携带的物品，做到大不压小，重不压轻，长横短竖，行包边缘与行李架平齐。比较重的、怕压怕碰的，请您放平稳、牢固，最好放到座席或铺位下面。比较轻的物品摆放到行李架上，比较长的物品顺着行李架摆放好。在您摆放物品的时候，请不要穿鞋蹬踩座席或铺位，以免影响其他旅客乘坐。

旅客朋友大家好！为了方便您的旅行生活，下面向您介绍列车的简单概况和服务项目。

我们这趟列车挂有硬座车、硬卧车、软卧车、餐车、行李车和空调发电车，餐车随时为朋友们提供餐饮服务。本次列车的型号是青藏25T型，车厢外观涂装主色调为绿色和黄色。在列车上，负责全面工作的是列车长，列车长办公席设在×号车厢，可以为您补票和解答问题。每节车厢有×名乘务员为您服务，您有什么事情，碰到什么困难，可随时与乘务员联系。×号车厢设有医疗点，备有旅行常备药品。广播室设在×号车厢，由我为大家安排节目，同时你对广播有什么要求和建议，可以随时提出来，我会尽力满足你的要求。

旅客朋友，列车概况和服务项目就向您介绍到这里，您有什么不清楚的地方，及时与我们取得联系。

三、单趟列车广播作业计划

单趟列车广播作业计划

业务	项目	广播内容	广播时间基准	广播时间	播放类型	作业模式	触发信号	广播区域	优先级	中文	英文
始发列车	通知乘务员	次列车乘务员同志你好，乘坐次列车的旅客即将检票进站，请您做好准备，打开车门，迎接旅客上车。	开检	前2分0秒	必播	自动	无	站台	6	√	
	检票通告第一次(始发车)	旅客们请注意：次列车开始检票，有乘坐次列车的旅客请到检票进站，列车停靠在。进站后，不要在站台上奔跑，请按照车厢号排队，不要越过安全白线，注意安全。旅客们请注意：次列车开始检票，有乘坐次列车的旅客请到检票进站，列车停靠在。进站后，不要在站台上奔跑，请按照车厢号排队，不要越过安全白线，注意安全。	开检	后0分0秒	必播	自动	进站立即开检	候车室、站前广场、进站通道	4	√	
	检票通告第二次(始发车)	旅客们请注意：次列车已经开始检票，有乘坐次列车的旅客请到检票进站，列车停靠在。进站后，不要在站台上奔跑，请按照车厢号排队，不要越过安全白线，注意安全。	开检	后5分0秒	必播	自动	无	候车室、站前广场、进站通道	5	√	
	检票通告第三次(始发车)	旅客们请注意：次列车已经开始检票，有乘坐次列车的旅客请到检票进站，列车停靠在。进站后，不要在站台上奔跑，请按照车厢号排队，不要越过安全白线，注意安全。	开检	后7分0秒	必播	手动	无	候车室、站前广场、进站通道	6	√	

续表

业务	项目	广播内容	广播时间基准	广播时间	播放类型	作业模式	触发信号	广播区域	优先级	中文	英文
始发列车	停止检票通告(始发车)	工作人员和旅客们请注意：次列车停止检票，次列车停止检票。	停检	前0分0秒	必播	自动	进站立即停检	候车室、站前广场	3	√	
	开车打铃50秒(始发车)	《铁路广播电铃50秒》。	发点	前2分0秒	必播	自动	无	站台	5		
终到列车	到达前预告(终到车)	工作人员请注意，次列车即将到达，停靠在，请做好接车准备。	到点	前5分0秒	必播	自动	无	站台	5	√	
	列车到达后通告(终到车)	旅客们请注意：次列车已经到站了，下车时请不要拥挤，仔细检查一下自己随身携带的行李物品，不要遗忘在列车上。下车后，请走在安全白线内，抓紧时间出站，注意安全。	到点	后0分0秒	必播	自动	无	站台	6	√	
	出站口宣传(终到车)	旅客们请注意:请您把车票准备好，依次排队验票出站。携带大件行李的旅客请走宽通道。持纸质车票的旅客请从人工通道检票出站。	到点	后2分0秒	必播	手动	TDMS触发	出站口	5	√	
中途列车	实名制广播宣传(途经车)	旅客们请注意：次列车马上就要开始检票进站了，本次列车为实行实名制列车，我们将核对您的有效身份证件原件和车票，请您提前做好准备，以免耽误您的旅行。谢谢您的合作！	开检	前2分0秒	必播	手动	无	候车室、站前广场、进站通道	4	√	
	检票通告第一次(途经车)	旅客们请注意：次列车开始检票，请到检票进站，列车停靠在。进站后，不要在站台上奔跑，请按照车厢号排队，不要越过安全白线，注意安全。旅客们请注意：次列车开始检票，请到检票进站，列车停靠在。进站后，不要在站台上奔跑，请按照车厢号排队，不要越过安全白线，注意安全。	开检	后0分0秒	必播	自动	进站立即开检	候车室、站前广场、进站通道	4	√	
	检票通告第二次(途经车)	旅客们请注意：次列车开始检票，请到检票进站，列车停靠在。进站后，不要在站台上奔跑，请按照车厢号排队，不要越过安全白线，注意安全。	开检	前5分0秒	必播	自动	无	候车室、站前广场、进站通道	5	√	
	停止检票通告(途经车)	工作人员和旅客们请注意：次列车停止检票，次列车停止检票。	停检	前0分0秒	必播	自动	进站立即停检	候车室、站前广场	3	√	
	进站预告(途经车)	旅客们请注意：次列车即将到达本站，列车停靠，请旅客们按照站台显示屏指示的车厢位置排队，不要越过安全白线，注意安全。工作人员请做好接车准备。	到点	前5分0秒	必播	自动	无	站台	5	√	
	开车打铃20秒(途经车)	《铁路广播电铃20秒》。	发点	前0分30秒	必播	手动	TDMS触发	站台	3		
	出站口宣传(途经车)	旅客们请注意:请您把车票准备好，依次排队验票出站。携带大件行李的旅客请走宽通道。持纸质车票的旅客请从人工通道验票出站。	到点	后2分0秒	必播	手动	TDMS触发	出站口	6	√	

项目二 播音发声气息控制基本功训练

 学习目标

1. 知识目标
（1）了解呼吸的概念。
（2）了解呼吸的种类。
2. 能力目标
（1）掌握胸腹式联合呼吸的要领。
（2）能够用具体的方法提高胸腹式联合呼吸的能力。
3. 素质目标
（1）将三种呼吸方法灵活的运用在播音、服务中。
（2）将科学的气息运用贯穿到生活中。

典型工作任务 1 呼吸的三种方法

 任务引入

许多人习以为常的事情，并不一定都是正确的。即使是最简单的呼吸，大家不妨回想一下，自己平时是否存在以下表现：①叹气次数增多。由于经常屏息，身体会本能地借助叹气弥补不足的氧气。②经常打哈欠。打哈欠是一种条件反射式的深呼吸活动，是人在疲倦时大脑神经支配的一种生理反应。如果经常打哈欠，说明最近你的呼吸比较浅。③肩膀、脖子发紧。当呼吸很浅时，肩膀、脖子和背部肌肉就会本能地发力，促使肺部吸入更多的空气，从而导致这些部位的肌肉僵硬。④经常疲倦。慢性疲劳的诱因之一就是呼吸方式不对。

那你又知道我们的呼吸分为几种不同的方式吗？你的呼吸方式是最正确、最好的吗？

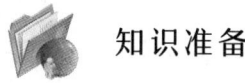 知识准备

一、呼吸概述

呼吸，是指机体与外界环境之间气体交换的过程。它是"生命"的本能之一，人的呼吸过程包括三个互相联系的环节：外呼吸—气体在血液中的运输—内呼吸。呼吸会带动人体内能量的运转，而每个人的呼吸频率不同，所以每个人体内所承载的能量不同。一次呼吸分为三个部分：呼气、屏息、吸气。我们说话、播音与调整呼吸有着密不可分的关系。

二、呼吸的种类

最常见的呼吸方式有三种：胸式呼吸、腹式呼吸、胸腹联合式呼吸。

（一）胸式呼吸

"胸式呼吸"是以胸廓扩张或收缩带动肺部扩大或缩小形成呼气和吸气的呼吸方式。在人体中，除了横膈活动带动肺扩张之外，肺还可以在胸廓的作用下横向扩张。胸廓是指由肋骨和附在上面的肌肉组织构成的桶状结构，它环绕着胸腔。肋骨构成胸廓的框架，附着在肋骨之间的肋间肌肉可以通过不同的收缩方式改变肋骨的位置，使胸径扩大或缩小，以此带动肺向四周扩张或缩小，这种呼吸方式被称为胸式呼吸。胸式呼吸是一种浅呼吸，多见于女性。呼吸时主要是胸廓放大、缩小改变容积，由肋间肌及斜角肌的运动而产生。由于胸式呼吸时胸部向前上方挺起，可明显看到锁骨及两肩的耸动，所以又叫锁骨式呼吸。

有的人在通读时呼吸显得急促，甚至上气不接下气，这是因为他使用的是胸式呼吸，不能自如地控制自己的呼吸。胸式呼吸呼入的气量少、弱，声音尖细、轻飘、僵持，没有底气，而且由于声带一直处于比较紧张的状态，在需要提高音量或持久发言时常力不从心。

（二）腹式呼吸

"腹式呼吸"是以膈肌活动带动肺扩张或收缩，形成吸气和呼气动作的呼吸方式。膈肌因其位置处于胸腔和腹腔之间，又被称为横膈肌或横膈膜。腹式呼吸在吸气时，膈肌收缩。于是，朝胸腔凸起的横膈收缩向下，趋于平直，在横膈带动下，肺被向下拉动扩张，气流吸入。呼气时，膈肌放松，横膈膜回弹，气流在挤压作用下从口鼻腔呼出。这种呼吸在呼吸过程中腹部会有明显起伏，因此被称为腹式呼吸。

腹式呼吸是人的自然呼吸方式，膈肌的活动是不受大脑意识支配的自律性运动，人在出生之后就具有这种呼吸能力。我们在生活语言状态发音时使用这种呼吸方式。

由于这种呼吸方式基本上处于自然状态，它在呼吸过程中缺少控制，发音时间不长，气流也不够稳定，但这种呼吸气息放松，声音自然，感情色彩较为丰富。再者，由于膈肌有较大的活动余地，因此，腹式呼吸可以有较大的气息变化幅度。

有人认为腹式呼吸吸气量小，在播音中没有使用价值，这种认识是不全面的。生活语言中使用的腹式呼吸，由于话语较短，气息需求量小，呼吸深度不大，有较大的呼吸潜力未被开发。腹式呼吸放松、自然，且呼吸可有较大范围的变化。因此在语句简短的讲述类节目中经常用到。当然，播音时若使用腹式呼吸，呼吸的气息量要比日常口语大。

（三）胸腹联合式呼吸

胸腹联合式呼吸法是声乐界里面大多数人认可和使用的，也是有一定科学理据的呼吸方法。是一种依靠胸腔、横膈膜和腹部肌肉控制气息的呼吸方法。它的特点是胸腔、腹腔都配合着呼吸进行收缩或扩张，尤其要注意横膈肌的运动，这种呼吸方式不仅兼有胸式呼吸和腹式呼吸的优点，还有二者无法比拟的独特之处：首先能使胸、腹所有的呼吸器官都参与合作，呼吸更稳健，更有利于控制；其次，不但扩大了胸腔的周围径，而且扩大了胸腔的上下径，吸入的气量更多、容积更大；最后，有助于音色的美化。由于肋间肌和横膈肌的共同作用，呼出气流的强度变化明显，声音的弹性变化得以实现，音色不但坚实稳定，而且响亮干净，在公众场合的语言表达能够最大限度地保证声音的理想效果。"气乃音之帅"，通读需要充沛的气息保证良好的发声品质，所以大多采用胸腹联合式呼吸。

胸腹联合式呼吸是胸式呼吸和腹式呼吸相结合的呼吸方式。这种结合并不是简单的相加，吸气时它利用腹式呼吸吸气量大和胸式呼吸的补气作用，尽可能加大吸气量；呼气时，利用适当的控制手段，保持呼气的均匀，延长发音时间。"胸腹联合式呼吸"在日常生活中并不经常使用，对许多人来说，这种呼吸方式需要经过训练才能有意识地使用。胸腹联合式呼吸可以满足播音气息量大、进气快和发音时间长的需要，是播音员应当掌握的基本呼吸技巧。

典型工作任务 2　胸腹联合式呼吸法

 任务引入

早在唐代段安节的《乐府杂录》中就记载了"善歌者，必先调其气，氤氲自脐间出，至喉乃噫其词，即分抗坠之音，既得其术，即可致遏公响谷之妙也"。这里所说的"脐间出"就是指民间唱法中的"丹田呼吸法"，近似于现代医学意义上的胸腹联合式呼吸，可以有效地扩大吸气量，保证各种发声状态下用气的需要，不仅呼吸稳健、有利于控制，而且容易产生坚实响亮的音色。诵读发声需要运用胸腹联合式呼吸来保证持久、稳定、充沛的气息，并能在相当大的幅度内对呼出的气息做细致的调整、控制，使表达自如。否则，"气太少、太短，只凭着脖子喊，喊出来的声音不会好听，时间也不能长久"。

 知识准备

胸腹联合式呼吸法从字面上看，是和胸、腹有关。的确，它调动了所有胸腹的呼吸肌肉一起运动，不仅扩大了胸腔容量，吸气量大，而且便于控制。它的运用建立在胸腔、腹腔隔膜运动的基础上，能够产生坚实响亮的声音，是多种音色变化的基础。

一、胸腹联合式呼吸法的呼吸原理

（一）气压差原理

吸气肌肉群收缩使胸腔扩大，人体肺部内的气压会小于人体外气压，这时只要口、鼻、气管等呼吸通道无障碍，空气会自动由气压高的体外进入气压低的肺泡内，使肺叶扩张起来，这是吸气过程。当吸气达到一定饱和度时，吸气肌肉群即松弛，而呼气肌肉群开始收缩，这时胸腔会随之变小，人体内气压比体外气压高，肺叶内的空气会从肺泡经呼吸通道排出体外，这是呼气过程。人的发声是在呼气过程中实现的，因此，呼吸控制的训练以呼气控制为主。

（二）呼吸肌抗衡控制原理

话筒前发声的呼吸控制具有吸得多、吸得快、呼得省、呼得匀、呼得慢的特点。我们欲达到以上要求，就需要锻炼吸气肌肉群，使吸气肌肉群在呼气时也保持一定的紧张度并与呼气肌肉群形成某种对抗，再结合口腔控制，使气流能按使用的需要有控制地、稳定地呼吸。

二、掌握胸腹联合式呼吸法的要领

胸腹联合式呼吸总的感觉应该是：随着气流从口鼻同时吸入，两肋向两侧扩张，腰带感觉渐紧，小腹控制渐强。呼气时，保持住腹肌的收缩牵制肌与两肋，使其不能回弹。随着气流缓缓呼出，小腹逐渐放松，但最后仍要有控制的感觉。而膈肌和两肋则在这种控制的感觉下逐渐恢复自然状态。在发声状态下，腹肌控制的强弱是随着思想感情的变化在不停地运动和变化的。掌握胸腹联合式呼吸法，关键在于抓住符合要领的实际感觉，并且需要在反复的练习中加强和稳定这种感觉。

胸腹联合式呼吸可分为吸气和呼气两个阶段。

掌握胸腹联合式呼吸的要领，首先要掌握呼吸的基本状态。这种基本状态的吸气和呼气要领分别如下：

吸气要领：吸气要吸到肺底，两肋打开，使腹壁"站定"。这是一种深吸气，而在生活中只有呼气结束以后才能有吸气的需求。在体会吸气要领时，应先将体内余气用叹气法全部呼出，再自然吸气，此时才容易体会到将气吸到肺底、两肋打开的感觉，否则易成为胸式呼吸。在自然吸气的过程中，腹肌的配合是不明显的（尤其是女性）。在胸腹联合式呼吸训练中，吸气时除要求横膈肌、肋间外肌等吸气肌肉群紧张工作外，腹肌、肋间内肌等呼气肌也要从自然吸气时的松弛、休息状态，进入"准备工作"的预备状态。"腹壁站定"状态是指随着吸气运动，上腹随两肋打开，稍有凸起。腹壁站定即上腹壁保持住的感觉。吸气时，由于膈肌下降，腹腔压力增大。腹肌有意识地向中医经络的"气海"至"关元"穴集中，使腹肌与膈肌进入弱抗衡状态。特别需要注意的是，吸气时腹肌的收缩不可过于主动，收缩的紧张度不可过强，过强的腹肌收缩会阻碍膈肌下降而影响胸腔上下径的扩大，进而影响吸气量增加。当吸气进行到比自然状态下稍多又不至于失去控制能力时，即可转入呼气阶段。在训练时，吸气及呼气之间的屏气要尽量短而流畅，忌人为地扼喉。若吸气过满，超出了呼吸肌的抗衡控制能力，声门会自动屏气、扼喉，这不利于控制呼出气流，从而影响正常发声。

呼气要领：可分三步。第一步要掌握呼气的稳定状态，其中应以快吸慢呼为训练重点；第二步是锻炼呼气的持久力，一般要求一口气的呼气发声持续 30~40 秒；第三步训练呼气与发声"挂钩"，掌握发声时呼气的调节方法。

换气一般可分为两种情况：一种情况是两句话之间有较大的停顿时间，可从容地正常换气，以满足下一句话发声表达的需要以及生理气体交换的需要。这时应注意在前一句话的句尾将末一个音节发音时的气息状态稍做保持，以利于播音员及听众思维和情感运动的延续。将进气的时机放在下句的句首，吸进气以后马上接续发声，而不要憋一会儿再发声。憋住气不发声，不但会由于生理需求而致使发声持续时间缩短，气不够用，严重时甚至会破坏正常的呼吸发声的生理、心理机制，从而形成发声障碍。另一种情况是由于思维和表达的需要，为维持较长时间的发声需要而超出了生理能力需要补充气息又没有补充气息的时间。这时的换气的技巧我们通常叫"补气"或"偷气"。补气或偷气最基本的要求是不破坏语句的连贯，在受众未觉察的情况下少量、无声地补充气息。这是为了表情达意的需要而把生理需求放在第二位考虑的一种补充气息的手段。当然补气和偷气也要选准位置，找好气口。补气和偷气的基本动作是：保持住发声结束时的气息控制状态不变，两肋向外一张，即完成补气、偷气的过程，接续后面的发声。补气和偷气进气量很小，吸入程度感觉很浅，大约只是一口气，只吸到上胸部，甚至只吸到嗓子眼。换气的这种情况很复杂，补充气息的技巧也有很多种区别，如还有抢气、就气等。我们需要结合稿件表达的内容及情感的变化来选择适当的补充气息的办法。

典型工作任务 3　服务、话务和播音中的用气发声

 任务引入

在日常话务、播音工作中，我们常常会遇到以下现象：当播音内容短小时，声音效果还不错；当内容稍长或连续工作时，就会出现力不从心的现象，高音上不去，低音下不来，非常吃力，甚至声音嘶哑，嗓子疼痛难忍。有时还会碰到这样的情况：当播音内容的表达需要连贯、自如、平稳时，会出现喉头捏紧、气喘吁吁的现象；当播音内容表达需要声音力度加强、音量增大时，声带会由于负担加重而使声音失去弹性，原来的音色变得干涩，甚至失声。在播音中出现这些情况，原因是多方面的，气息调理不好、气流没有持续补充是其中的一个重要原因。古代声乐理论中有"气动则声发"的说法，气流的强弱与音高、音量、音色有很大的关系。在语言艺术表达中，无论在嗓音的使用、内容的连贯完整还是吐字的力度以及声音色彩的变化等技巧中，都渗透着气息的作用。嗓音之所以富于弹性、耐久，是和源源不断地供给声带的气流有关的。我们平时说话时感觉不到气不够用，但在某些播音过程中却会出现上气不接下气的现象，这是因为平时说话是表达自己的思想感情，一句话说完了就会很自然地停下来换气，而在话务、播音的表达中有一定的要求和制式，所以不能随心所欲地换气。这就要求我们在播音的时候更加科学地用气发声。

 知识准备

一、话务、播音对呼吸的要求

在播音中，新闻稿多采用组织严密、简练明确的新闻语言，语句结构较为复杂，句子也往往较长。它要求播音员吐字清晰，并有饱满的气息支持连贯的发音。播音员应有较强的呼吸能力，以满足较大的气息量要求和较长的呼气时间要求。另外，话务、播音吐字工整，声音起伏不大，要求呼气稳定。气流忽大忽小会使发音飘忽不定。归纳起来，播音应当在呼吸方面具有这样一些能力：

1. 播音员要有持久的气息控制能力

播音员的播音是一种独立创作，稿件多种多样，长短不一，几分钟、十几分钟、几十分钟不等，最长的需要播一两个小时。播长篇的稿件时要求声音由始至终保持一定力度，不减不衰，从容不迫，这就要求对气息有持久的控制能力。如果不具备这种

能力，播长篇稿件时势必会前半部分从容，后半部分越播越弱，到最后有气无力或是声嘶力竭，这显然是不成功的。

2. 播音员气息控制要稳

日常说话，吸气后开始第一句时气总是出得较多，压力较大，后边就弱下来了，这是没有控制好气息的自然现象。但在播音中，如果形成这样的前强后弱的调子，就会使听众厌烦。播音员要根据节目内容的要求调节气息压力，该强就强、该弱就弱，吸气量要大于日常说话，呼气时要保持较为稳定的压力，调节自如。

3. 播音员要做到快吸慢呼，并能根据需要及时补气

播音语言，一般句子长度比口语长，结构比较复杂，间歇比口语少而短。要把每个句子播得完整而有层次，就需要按照句子结构用气，绝不能因气不够用而停下来吸气，这样就破坏了句子的完整性，影响了听众的收听。因此，播音员呼气的持续时间要尽量长，而且要掌握在句子进行中补气、偷气的技巧。

4. 对气息的控制达到收纵自如

要想声音收纵自如，气息先要收纵自如。这需要对气息的强弱、徐疾有相当幅度又细致入微的控制。播音员必须学会下意识地控制气息，即气息自动地随感情的需要而变化。这就要求播音员有高度熟练的控制气息的技巧。

5. 要求做到短时间无声吸气

播音员要能做较长时间的呼气且保持一定的气息压力，吸气量就必须比平常大一些，吸气速度快一些。播音员依靠话筒传声，话筒灵敏度高，很容易混入吸气的杂音。而吸气杂音多，会给人不从容的感觉，甚至会使人厌烦。因而，播音员必须学会在短时间内无声吸气。

播音、话务发声采用有控制的胸腹联合式呼吸方法。健康人的正常呼吸方式本来就是胸腹联合式呼吸。艺术语言并非另行掌握某种特殊的呼吸方式。播音、话务的呼吸训练主要是在正常的胸腹联合呼吸方式的基础上，强化及扩展这种呼吸方式的控制能力。

二、播音呼吸训练的方法

（一）播音对呼吸控制的动作要领

播音发声的特点决定了对呼吸控制的要求，就是能够运用胸腹联合式呼吸法调节气息，使气息顺畅均匀、深浅适中、运用自如。有声语言的表达过程是在呼气过程当中完成的，我们要注重对呼气的控制能力，控制气流以急缓、疏密、均匀等各种方式呼出。胸腹联合式呼吸法是胸腔、横隔膜及腹部肌肉共同作用控制呼吸，不但扩大胸腔的周围径，而且扩大胸腔的上下径，因而能够吸入足够的气息，使气息的容量变大。

另外，稳定地保持住两肋及横膈膜的张力和来自小腹的收缩力量形成均衡的对抗，有利于形成对声音的支持力量，而且具有易操纵和支持声音的能力。我国民族声乐以及戏剧曲艺等艺术发声中所说的丹田气就是胸腹联合式呼吸法，它是我们播音发声中应该采用的呼吸方法。

掌握胸腹联合式呼吸法关键在于抓住符合要领的实际感觉，并且需要在反复的练习当中加强和稳定这种感觉。吸气的时候要注意，吸气要深、两肋打开、腹壁站定。这三条要领是吸气动作的分解，实际上它们是在吸气的过程当中同步进行的。呼气的时候要把握住稳进、持久和变化。换气的时候则要注意在句首换气，换了就用，留有余地和吸气无声。总的来说，我们应该把对发声时呼气的控制放在首要位置，因为吸气换气都是为了呼气发声服务的。我们在吸气的时候胸廓扩张，同时胸部和腹部相隔的那层膈肌也收缩下降，腹腔里的脏器位置也下降，腹腔内压升高，腹壁稍微向外突出。相反，呼气的时候，胸廓缩小，膈肌放松上升，腹腔中的内脏复位，腹壁收回。膈肌运动完成呼吸活动，对维持我们生理需求起着举足轻重的作用。我们能对腹肌调节控制做到适度、灵活、自如，就会使呼出气息的压力、流量、流速产生多层次的交叉变化，才有可能形成有弹性的发声机能活动，才能自如地控制音长、音强、音色的变化以及控制节奏的变化和共鸣的位置，才能自如地表达其中的思想感情。

（二）播音呼吸训练的具体方法

在播音发声中，播音员采用坐姿比较多，这时候应该注意胸要稍稍挺起，腰不要向后塌，两肩不要向上耸。有播音桌的时候，要注意调整好和桌椅的相对高度，不要有用胳膊支起双肩的感觉。吸气量比生活用气要多，但是又不要吸得过满，吸得过满很难控制，一般达到七八成就可以了，但是要吸得深，感觉气流通过脊背向后腰及下胸部和两肋流入，逐渐整个腰部都有明显扩张的感觉，有一种自上而下、由里而外扩张的力量。

我们可以用下面的方法循序渐进地来体会、使用胸腹联合式呼吸法：

（1）闻花香，来体会吸气吸得深、吸得饱满。

（2）轻轻吹去桌面上的尘土，来体会气息均匀、舒缓地呼出。

（3）用一口气数"1、2、3、4、5、6……"或者是念绕口令"金葫芦银葫芦，一口气数不完二十四个葫芦，一个葫芦，两个葫芦，三个葫芦，四个葫芦……"来体会气息有力度、有节奏地呼出。同时用气不要用得满，不要强憋着多数几个数。

（4）我们可以读一些古体诗词，把握诗词的意境，体会气流呼出时强弱急缓的变化。

（5）播新闻、消息一类的稿件，体会对气息的较强控制，尤其是句尾、句首气息控制状态的接续，注意声断意不断的前提下气息的补充。

（6）我们可以制定详细提纲，组织话题进行讲述，来体会接近生活语言状态下气息的弱控制，来体会声音支点比较低、声音强度比较弱、语流随着情感运动变化比较大的情况下气息控制意识的加强。

呼吸的控制一定要注意，不是为了呼吸而控制，而是为了更好地进行播讲而控制，同时不要一说控制就控制僵死。一篇稿件，如果句句字字控制强度都是均等的，那就等于没有控制。集中体现思想感情和语气目的、语气重音的时候，气息控制意识要加强。此外，接近生活语言是要高于生活语言，不是等同于生活语言。同样，纯自然的低能状态和胸腹联合式呼吸法的弱控制也有着本质的区别。我们在追求亲切自然的声音的时候，要正确地把握呼吸的控制，否则会导致语音含混，长时间的不科学的呼吸控制甚至会导致发声器官的损伤。

发声是一种全身心的运动，进行呼吸控制的训练还需要有健康的身体，尤其是比较发达的呼吸肌肉，像游泳、广播体操、球类运动以及俯卧撑等体育锻炼，都是全身性的运动。进行这种锻炼，可以使呼吸肌肉灵活有力。腹肌是控制呼吸的关键肌肉，我们可以多做仰卧起坐，或者是仰卧举腿等运动，以加强腹肌。

三、播音发声在呼吸时应注意的问题

气乃情所致，日常生活语言当中，气息控制的枢纽是感情的运动，俗话说"心平乃气和"，发声是一种全身心的运动。气息的表现方式是由心理状态来决定的，所以对稿件必须认真地理解、深刻地感受，对所说的话题要做认真的准备，要有明确鲜明的态度，产生强烈的播讲愿望，使感情流动起来，要有感而发。没有情感的流动，对呼吸的控制必定是单调、呆板的，势必会影响声音色彩的变化，使声音失去弹性。利用感情调节呼吸的运动是播音发声呼吸控制最基本的原则，它也是呼吸控制的高级阶段。在训练过程当中，只有通过较为长期的而且是有意识的训练，熟练地掌握"胸腹联合式呼吸法"的要领，才能够达到控制自如的境地，使气息随着感情的流动而运动，这就是"以情运气"了。具体来讲，在播音时应注意以下几个问题：

第一，呼吸是人与生俱来的能力，日常生活中呼吸、说话用声都是下意识"自动化"的，而日常的呼吸控制能力不能完全满足播音发声的要求。话务、播音人员应以生活中的呼吸为基础，通过呼吸控制训练，培养良好的呼吸习惯并进一步掌握艺术发声的呼吸方法；训练和使用尽量不要脱节，训练的目的在于提高自己说话发声时的实际控制能力。只要基本状态对了，应尽快结合实际发声训练，在播音发声训练中提高呼吸控制能力。呼吸控制方法是改变不良呼吸习惯、养成科学的呼吸习惯和增强呼吸控制能力的过程，需要循序渐进、进行长时间的锻炼才能看到效果。呼吸肌的协调和控制能力的提高，只有时常练习，直至将生活中的呼吸控制与话筒前用声时的呼吸控制统一起来，才能使呼吸控制达到纵控自如的境界。

第二，广播语言发声是在呼吸控制的过程中完成的，为便于体会有意识的呼吸控制，可以先从强控制入手。而说话用声的呼吸控制一般是以弱控制为主。因此，呼吸控制能力的训练有一个过程，即从"自然状态的下意识控制"到"有意识的基本状态强控制"，再到"有意识的弱控制"，最后实现"下意识地以弱控制为主、强弱控制自如"的呼吸控制。

第三，呼吸控制只是控制人体发声综合状态的一个方面，实际训练时不可能与其他部分分割，比如口腔控制、喉部控制、共鸣控制等。呼吸控制是否正确，应以实际发出来的声音效果来检验，不能只凭感觉。主观感觉呼吸控制得好而声音不忍卒听，那种呼吸控制也不会是正确的。

第四，人的呼吸控制总是处在运动状态中，特别是在说话时，思想感情在运动，语流中的气息是运动的、变化的，呼吸控制必须服从说话时思维、情感表达的需要，要灵活多变，切忌以僵化、机械的呼吸控制制造声音的变化。因此，在掌握了呼吸控制的基本状态之后，必须学会说话时的换气、补气、偷气、就气等多变的用气方法。

呼吸是人体发声的动力，声音的强弱、高低、长短以及共鸣的运用同呼出气息的速度、流量和密度都有直接的关系。气流的变化关系到声音的响亮度、清晰度以及音色的优美圆润、嗓音的持久性及情绪的饱满充沛。也就是说，只有在呼吸得到控制的基础上才能谈声音的控制。呼吸的作用不仅仅限于作为发声的动力，它还是一种极重要的表达手段，是情和声之间的桥梁。要使声音能够自如地表情达意，我们就必须学会呼吸的控制和运用。

项目训练

一、青藏铁路——环保工程简介播音稿

旅客朋友们，窗外美丽的风光确实令人陶醉，但是我们不能忘记，青藏高原生态环境原始、独特、敏感、脆弱，一旦遭受破坏，势必造成灾难性的后果。也许有人会问，青藏铁路会不会对环境带来不利影响呢？这里，我给您简要介绍一下青藏铁路在环保方面取得的成就。为了保护这片神圣的净土，铁道部明确提出，青藏铁路必须确保实现"多年冻土环境得到有效保护、江河水质不受污染、野生动物迁徙不受影响、铁路两侧自然景观不受破坏，努力建设具有高原特色的生态环保型铁路"的环保总体目标。青藏铁路仅环保投入就达15.4亿多元，是目前我国环保投入最多的铁路。在施工建设过程中，首次引进环保监理，把生态功能保护、冻土保护、植被保护、水土保持、野生动物保护等各项环保措施细化到各参建单位和工点。

在植被保护方面，特别强调珍惜高原一草一木。合理规划施工便道、施工场地、取弃土场和施工营地；对施工范围内的地表植被进行草皮移植和再造植被；工程尽量绕开湿地，无法绕开时尽量选择桥梁通过；加大涵洞设置数量，保证地表径流对湿地水资源的补充。

在保护高原珍稀野生动物资源方面，全线设置了33处野生动物通道。在确定青藏铁路野生动物通道的数量和位置时，建设单位不仅请野生动物保护专家进行论证，还广泛征求了牧民的意见，使这些通道符合藏羚羊、野牦牛、野驴等珍稀野生动物的饮水、迁徙习惯，保障沿线野生动物的正常生活、迁徙和繁衍。每年春夏季节，分布在可可西里各地的藏羚羊都会集结成群，进行大规模迁徙，自由自在地穿过这些通道，长途跋涉前往气温凉爽、水草丰美的卓乃湖、太阳湖等地产仔，数月后再带着幼仔返回原栖息地。

在运营管护中，青藏铁路各车站取暖使用以电能、太阳能、风能为主的环保型能源。车站的废弃物收集后集中处理；生活污水要经处理达标排放，尽量用于绿化；客车采用封闭式车体，车上垃圾装袋，运至高原下交车站集中处理。管理上尽量采用远程自动化控制，机械化维修，减少高原上的组织机构和人员，最大限度地保护青藏高原的自然生态环境。

现在青藏铁路已经全线通车运营，河流水质没有受到明显影响，冻土环境没有出现明显改变，沿线野生动物迁徙条件和铁路两侧自然景观没有受到破坏，沼泽湿地环境得到了有效保护。青藏铁路不仅成为举世公认的伟大建设工程，也成为举世公认的人与自然和谐共处的典范。

二、青藏铁路列车广播稿——卫生保健常识

1. 各位旅客，青藏高原是动人的，它的美丽、圣洁、神秘、奇特，无不牵动人们的心弦。能前往一游，成了很多人的心愿。但青藏高原海拔很高，空气稀薄，形成了以低气压、缺氧、低温、太阳紫外线辐射强、温差大、大风、干燥等为显著特点的高原气候。从低海拔地区到高原的游客，由于气候等方面的急剧变化超过了正常人机体自动调节的限度，身体一时无法适应过来，可能会出现一些不适现象。这些不适现象称为高原反应，通常表现为头痛、头晕、胸闷、气喘、心率加快、口唇发紫、血压升高、疲倦、失眠等。每个人的反应表现因身体差异有所不同。一般人刚到高原都会有不同程度的胸闷、气短、呼吸困难等缺氧反应，但不必过于紧张，保持乐观的心态，保证充分的休息，多喝些水，大多两三天即可适应过来。有的人反应时间会稍长一些，可以适当吸氧，并在医生指导下服用一些止痛、镇静类药品。个别反应严重的要与列车或随车医务人员保持联系，出现异常反应要及时报告、及时就医。

2. 旅客朋友们，从低海拔地区进入青藏高原，做一些卫生保健方面的准备工作，是很有必要的。入藏前，一般应进行一次身体检查。凡有严重心、肾、肺病患者，高血压Ⅱ期以上、严重肝病、贫血患者，都不宜冒险到高原旅行。感冒风寒患者，最好推迟行期，因为初进青藏高原的人患感冒较难治愈。如果患有一般疾病，必须采取预防措施，如随身携带必要药物等。进入一定海拔高度地区后出现抽搐、剧烈头痛或者昏迷倾向者，则不宜进入海拔更高地段旅行。还要提前备好一些必需用品。青藏高原气候多变，气温较低，早晚温差很大，应带足毛衣、长裤、长外套等御寒衣物，不能嫌麻烦。青藏高原气候干燥，日照强烈，应带上遮阳帽、太阳镜、防晒露、润肤霜，以免受到强日光、强紫外线的照射，防止皮肤干燥、脱裂。青藏高原是一个特殊的生存环境，未知因素很多，需要带一些常备药品。感冒药、止泻药、润喉片、消炎药是不可少的；为了提高机体对缺氧的耐力，减少高原病的发生，应携带并预先服用一些抗高原反应的药物，如红景天、复方党参片、黄芪茯苓剂等。

3. 各位旅客，到青藏高原旅行之前，参加一些爬山、跑步、打球、负重、行军等大运动量的体育运动，对机体适应缺氧环境，能起到积极的作用。但进入高原初期，活动不能过于激烈，平时习惯快节奏工作和生活的人，应有意识地放慢自己的节奏和速度。要特别注意随着气温的急剧变化及时更换衣服，防止因着凉受冻而引起感冒，感冒是急性高原肺水肿的主要诱因之一。还要注意调节好高原旅行期间的饮食，食物以容易消化、营养丰富、高糖、富含维生素为佳,宜多食蔬菜、水果,保证热饭、热菜、热汤,不可暴饮暴食,以免加重消化器官的负担;严禁过量饮酒,最好不饮酒,以免增加耗氧量。有些人用吸氧来缓解高原不适症,这对暂时缓解不适是有作用的,但停止吸氧后,不适症状可能加剧,因此静静休息时不适症状有所缓解或减轻的游客,最好不要吸氧,以便尽快适应高原环境,获得理想的旅游效果。

项目三　播音发声共鸣调节基本功训练

学习目标

1．知识目标
（1）了解共鸣的原理。
（2）掌握共鸣的三种方式。

2．能力目标
（1）能够理解共鸣在发声中的作用。
（2）通过练习能够灵活地运用共鸣发声。

3．素质目标
（1）能够运用共鸣传达适当的情绪。
（2）养成科学运用共鸣的习惯。

典型工作任务1　共鸣的三种方法

 任务引入

共鸣是一个多义词，在不同领域人们赋予了它不同的含义。从物理学角度来讲，共鸣就是物体因共振而发声的现象，就像两个频率相同的音叉靠近，其中一个振动发声时，另一个也会发声。从文学角度来讲，共鸣是读者阅读过程中与文本产生心灵共振与感应的情形映照，是思想或感情上的相互感染而产生的情绪，是鉴赏过程中情感、想象等多种心理功能达到最强烈程度的表现。而我们今天所说的共鸣是声音学中的一个概念。

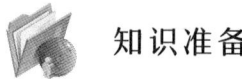 **知识准备**

一、共鸣的原理

某物体因受到振动而发出声音，这种声音又传播到其他物体上，引起其他物体的共振的现象叫共鸣。声音产生需要有振动体、媒介（空气及其他）和人耳。当物体被打击而产生振动时，媒介产生了波纹，叫音波。这种音波由媒介传入人的耳膜成为声音。一个发音体在振动发音时，它除了能发出一个基音外，还能同时发出一些微小的泛音。当它的微波传到某一个和它振动频率相同的物体时，这一物体受到振动的影响，会引起共振，产生共鸣。人体共鸣形成的过程是，从发声到利用人体内很多可以产生共鸣的空间，使气息冲击声带而出现了基音。这个基音虽然很微弱，但是一旦它进入人体固有的共鸣空间之后，就产生了不同形式的声波共振，出现悦耳的声音。共鸣的使用能够扩大音响效果，同时还可以美化声音。我们应充分利用人体构造的共鸣腔，努力控制发声，逐步训练形成空间立体感的音响。发声的共鸣效果对于语言表达是十分重要的。

二、三腔共鸣

一般来说，声带发出的"喉原音"是单调乏力的，经过共鸣控制才会悦耳动听。声带所产生的音量是很小的，只占人们讲话时音量的5%左右，其他95%左右的音量需要通过共鸣腔放大得来。共鸣腔是决定音色的重要发音器官，直接引起语音共鸣的是口腔共鸣。此外，胸腔和鼻腔也有共鸣作用。

（一）口腔共鸣

口腔共鸣属于中音共鸣区，是声音的制造场。有声语言表达以口腔共鸣为主，应当充分发挥口腔共鸣的作用，以提高声音的质量。口腔共鸣注意四点：提颧肌→开牙关→挺软腭→松下巴，尽量扩大口腔容积。

提颧肌的作用是将上腭前部抬起，它对增强口腔前部的共鸣、提高声音的明亮度和字音的清晰度都有明显的作用。开牙关的作用是把下颌保持在一个固定的位置，使上槽牙与下颌保持较大的开度，牙关打开，以增大口腔中部的容积，改善共鸣的效果。

挺软腭的作用是将软腭向上挺起，它可以扩大口腔后部空间，使共鸣得以改善，缩小鼻咽的入口，使流向鼻腔的气流减少，避免产生大量鼻音。松下巴的作用是把下巴肌肉放松，即下巴轻松灵活、不着力，因为下巴用力会使舌根紧张、咽管变窄、口腔变扁，把字咬"横"、咬"死"，所以一定要松弛。最后，发声时做到唇舌力量集中，语音才能清晰、悦耳、动听。

下面诵读以开口最大的元音 a、ai 为韵脚的诗词《天净沙·秋》，体会口腔共鸣的技巧。

天净沙·秋
[元]白朴

孤村落日残霞，
轻烟老树寒鸦，
一点飞鸿影下。
青山绿水，
白草红叶黄花。

（二）胸腔共鸣

胸腔共鸣属于低音共鸣区，能量最大，发出的声音有深度和宽度，声音听起来深厚、宽广，给听众以庄严、深沉、真实、可信感，是共鸣不可缺少的基础。胸腔是由肋骨支撑的胸廓，是不可调节的共鸣器，由于容积大，对低频声波共鸣作用明显。胸腔共鸣不参与语音的制作，但可以扩大音量，增加低泛音，使声音听起来洪亮浑厚、结实有力。要想获得良好的胸腔共鸣，首先应该使声音在喉、咽、口、鼻各腔体得到很好的共鸣。由于发低音时声带是整体振动，且变长变厚，所以应尽量放松声带，在发音时能感到声带在振动。发音时注意两肋打开、撑住，以维持胸廓的积极状态，产生较好的共鸣效果。

下面诵读《临江仙·滚滚长江东逝水》体会胸腔共鸣技巧的运用。

临江仙·滚滚长江东逝水
[明]杨慎

滚滚长江东逝水，浪花淘尽英雄。
是非成败转头空。
青山依旧在，几度夕阳红。

白发渔樵江渚上，惯看秋月春风。
一壶浊酒喜相逢。
古今多少事，都付笑谈中。

共鸣器以咽腔为主，又可分为高、中、低三区共鸣。高音共鸣区，即头腔、鼻腔共鸣，音流通过该区共鸣，可以获得高亢响亮的声音；中音共鸣区就是咽腔、口腔共鸣，这里是语音的制造场，是人体中最灵活的共鸣区，音流在这里通过，可以获得丰满圆润的声音；低音共鸣区主要是胸腔共鸣，音流通过该区共鸣，可以获得浑厚低沉的声音。

(三）鼻腔共鸣

鼻腔共鸣属于高音共鸣区，它产生的生理结构位置是在鼻腔上方，是通过软腭来实现的。当软腭放松，鼻腔通路打开，口腔的通道关闭，声音在鼻腔得到共鸣，就产生了标准的鼻辅音 m、n、ng 等。若鼻腔和口腔同时打开，产生的是鼻化元音，少量的鼻化元音可以增加音色的明亮度，但过多的鼻化会形成"鼻"音，是发声的大忌。鼻腔共鸣需要深呼吸，以保证发声时气息的强度和密度，同时稳住喉头，控制其上下频繁运动，通过自然舒适的呼吸状态保证喉头稳定。

下面诵读鼻音韵尾 n、ng 为韵脚的诗歌《清明》，体会鼻腔共鸣的技巧。

清　明

[唐]　杜牧

清明时节雨纷纷，路上行人欲断魂。
借问酒家何处有，牧童遥指杏花村。

典型工作任务 2　共鸣法的运用

 任务引入

在播音主持中，用气推声的发音方法是比较省力的，但是要发出抑扬顿挫、响亮悠远、铿锵有力的声音，还必须在用气推声的基础上，学会共鸣的发声方法。因为生理学家说过，声带产生的音量只占讲话音量的 5%，其他 95% 的音量，则要通过胸腔、头腔、口腔所组成的共鸣器放大而产生。

人的声道主要共鸣器官有三种，即口腔、胸腔和头腔。这三个共鸣器的作用各有自己的妙处：头腔共鸣能使声音高亢明亮，口腔共鸣能使声音结实清晰，胸腔共鸣能使声音浑厚洪亮。但是，在没有经过正确的共鸣腔训练的情况下，一般人存在许多共鸣发音的弊病。因此，我们要学习如何科学地来运用共鸣。

 知识准备

一、共鸣的作用

共鸣控制在播音发声中也很重要，而且是区别于其他艺术语言发声独具特色的一环。共鸣在发声过程中的作用主要有两方面：

（一）对声音的扩大和美化

声带发出的声音叫喉原音，很微弱，通过共鸣得到扩大、美化，共鸣控制与音量、音高、音长和音色的调整都有密切的关系。发音的关键是嗓子的运用。语言工作者的嗓音应该是富于表现力的。声音的高低是由声带的松紧决定的，音量的大小则由发音时振动用力的大小来决定，而共鸣方法的科学使用可以帮助我们增强声音的响度和表现力。

（二）形成不同感情色彩的声音

个人的发音器官是天生的，无法改造，只能从使用方法上想办法。而人体发音的共鸣腔也是天生的，无法改变，但共鸣腔的调节直接参与语音材料的制作。在调节过程中，我们也可以通过共鸣的调节，经过后天的训练加以改善。掌握共鸣的调节是扩大发声效率、改善声音质量、提高声音色彩表现力的重要环节。调节共鸣，这是使音色柔和、响亮、动听的重要技巧。人们发声的时候，气流通过声门，振动声带发出声波，经过口腔或鼻腔的共鸣，形成不同的音色。改变口腔或鼻腔的条件，音色就会大不相同。例如舌位靠前，共鸣腔浅，可使声音清脆；舌位靠后，共鸣腔深，可使声音洪亮、刚强。

二、控制口腔共鸣的两个主要技巧

说话应以口腔共鸣为主，以胸腔共鸣为基础，同时带上一点鼻腔共鸣，这样发出的声音清晰有力。若只有口腔共鸣的话，声音单薄、干涩，没有表现力。控制口腔共鸣的两种技巧如下：

（一）"通"

"通"就是通畅、不阻塞，指整个发音的声道必须畅通无阻。发音时应让背部和颈部自然伸直，胸部自然放松，喉头放松，口腔打开到适当的程度，让气流可以十分通畅地流出，从而自如地发出声音。如果说话时喉头肌肉紧张，会使得本来就不宽敞的气流通道变得更加狭窄，声音硬"挤"出嗓子眼，显得单薄、干涩，听了很不舒服。

下面请用共鸣技巧诵读《画菊》的韵脚"穷"和"中"。

画　菊

[宋]郑思肖

花开不并百花丛，独立疏篱趣未穷。
宁可枝头抱香死，何曾吹落北风中。

（二）"挂"

"挂"就是不要让声音从声道里直直地跑出来，要充分控制气流，让它好像受到一股磁力的吸引，能挂在硬腭的前部，这样发出的声音响亮、清晰、饱满、厚重。比如《沁园春·雪》中"望长城内外……欲与天公试比高"的领字"望""高"等，要用"挂"。

下面请用共鸣技巧诵读《虞美人》中的"何""往""月""问"和韵脚"风""中""在""愁""流"等字。

虞美人
[五代]李煜

春花秋月何时了，往事知多少？
小楼昨夜又东风，故国不堪回首月月明中。

雕栏玉砌应犹在，只是朱颜改。
问君能有几多愁，恰似一江春水向东流。

三、共鸣训练

（一）共鸣训练注意事项

（1）脊背挺直而舒展，颈要正，不前探，不后挫；放松颈部肌肉，保持咽道通畅；两肩自然下垂。

（2）胸部不要故意挺出，要自然放松，吸气不要过满。

（3）下颚放松，活动灵便适当打开口腔，上下槽牙间保持一定距离。

（4）声带发出的声音，要像一条带子，下与气息相连，从小腹抽出，垂直向上，经过咽部，成为一束声流，沿上颚中线向前，冲击上颚前部，流出口外。

（二）共鸣的训练方法

共鸣控制的主要作用是美化音色，要想使声音好听和持久，就要正确地运用共鸣器。关键在于处理好"畅"与"阻"的对立和统一关系，让声音不"憋"不"挤"，形成一个声柱流畅地奔涌出来。不让声音直截了当地通过声道奔出来，而是让它经过共鸣器的加工、锤炼，变得洪亮、圆润、雄浑、优美、动听，需要处理好"畅"与"阻"的关系，必须进行共鸣训练。训练方法为：

（1）哼鸣。放松喉头，用"哼哼"音唱歌，把"哼"置于叹气的呼吸状态，哼唱时看嘴巴能否灵活动作，可以视为正确与否。

（2）学鸭叫声。挺软腭，口腔张开成一圆筒，边发"嘎嘎"音，边仔细体会。共鸣运用得好的"嘎嘎"音好听，共鸣运用得不好的"嘎嘎"音枯燥、刺耳。

（3）学牛叫声。类似打电话的"嗯"（什么？）和"嗯"（明白了）。

（4）牙关大开合，同时发出"啊"音。

（5）模拟汽笛长鸣声，既可平行发音，也可由大到小或由小到大地变化发音。

（6）做扩胸运动，同时尽量发高亢或低沉的声音。

（7）"气泡音"练习。闭嘴，用轻匀的气流冲击声带，使之发出细小的抖动声。

（8）音阶练习。选一句话，在本人音域范围内，先用低调说，一级一级地升高，然后又一级一级地下降，再一句高一句低，高低交替，一句话由高到低，再由低到高。

（9）夸张四声练习。选择韵母因素较多的词语或成语，运用共鸣技巧做夸张四声的训练。如："清——正——廉——洁、英——勇——顽——强。"

（10）大声呼唤练习。假设某人在离自己100米远处，大声呼唤："张——师傅，快——回——来！"

典型工作任务3　服务和播音中的共鸣运用

  任务引入

前面我们学习了三个共鸣器的共鸣训练，在实际的播音过程中还需将三种共鸣方法融为一体：注意做到从肚脐到口腔保持气息的畅通无阻，头腔、口腔、胸腔一起打开，再用气推声。这样就能获得"混合共鸣"的效果。这时候的声音听起来就会响亮达远。

需要指出的是，共鸣方法虽有良好的效果，在具体运用时，还应根据播音或主持时的具体感情需要，在混合共鸣的基础上，有意识地加强其中一种共鸣的成分，以使播音或主持更符合情境。一般说来，表现热情要加强头腔共鸣，表现沉痛要加强胸腔共鸣，一般叙述要加强口腔共鸣。

  知识准备

一、服务以及播音发声共鸣的特点

播音发声的特点决定了它采取的共鸣方式——以口腔共鸣为主，以胸腔共鸣为基础的声道共鸣方式。

服务以及播音的发声要求在保证字音清晰的前提下，对声音进行美化，使声音朴实、大方、自然。共鸣应服从内容，服从吐字的需要。要通过调节、控制取得较丰富的口腔共鸣，善于运用胸腔共鸣，以使声音浑厚、结实、有力。同时要感受经口腔发出的声束。沿上腭中纵线前行，向硬腭前部流动冲击，从而有声音"挂"在硬腭穹隆上的感觉，使声音明朗、润泽、集中、发音有力。

服务以及播音发声不可追求头腔共鸣，以免声音过于明亮、尖利、刺耳；也不可过多运用胸腔共鸣，避免声音过于低沉、浑浊、闷塞、含混、压抑。

构成声道的腔体粗略划分可分为头腔、口腔和胸腔。头腔中产生共鸣的腔体体积小，对频率较高、波长较短的声音的共鸣效果显著。口腔由于共鸣腔体适中，因此对频率、波长适中的声音的共鸣效果明显。而胸腔由于腔体较大，对频率较低、波长较长的声音的共鸣效果显著。

通过共鸣的控制调节，可以使声音具有高低、强弱、圆展等不同变化，有助于达到感情与声音色彩的统一。但是一定要注意，这种调节应该具有整体观念。也就是说，共鸣器官是一个整体。各共鸣器官是根据声带发出的具有各种不同频率的基音而产生共鸣的。同时，声音在各共鸣腔中的扩大和美化，这种作用又是互相影响的。任何一种声音的发出都少不了高、中、低三种共鸣效应，它们的差别仅仅在于多少而已，而要把它们分清是不可能的。采用混合统一共鸣，发出的声音自然、均匀、流畅，为扩展音域、丰富语言表现力打下良好的基础。

服务以及播音发声对共鸣的控制首先体现在发声时的精神状态上。要保持积极的状态，以使各共鸣腔尤其是口腔腔壁舒展、积极，加强声波的反射能力，以加强共鸣。播音发声对共鸣的控制还体现在，在形成字音的过程中，对可调节共鸣腔的调节过程要保持顺畅、明确。服务以及播音发声对共鸣的控制是一种综合的控制过程，要保证呼吸控制、口腔控制、喉部控制与共鸣控制的协调一致，互相支持。

二、服务以及播音发声中共鸣的运用

服务以及播音发声应做到以情带声，音色自然，相对于朗诵来讲，它的变化更为多样，但任何一种发声方式都是有法可循的，我们仍可以对其进行总结和归纳，从而更灵活地运用。播音的发声共鸣方式主要为口腔共鸣、鼻腔共鸣、胸腔共鸣三种。

（一）口腔共鸣

与其他共鸣的声音相比，口腔共鸣最接近人们日常说话的声音，其音色自然、质朴、直白，是一种常用的共鸣方法。

由于每个人的口腔大小、形状以及发声时打开的状态各不相同，因此不同的发声者所发出的口腔共鸣的音量是不一样的。对于服务者播音者来说，先天的骨骼相貌不可改变，但是可以通过改变口腔打开的程度来改变自己的音量甚至音色。口腔共鸣的音色是最自然、最贴近生活的一种音色。用这种共鸣的音色来进行播音或服务会呈现一种真实的、不矫揉造作的亲和之感。

（二）鼻腔共鸣

鼻腔共鸣属于头腔共鸣的一部分，它的运用相对自由一些，由于发音位置靠前，腔体相对小一些，鼻腔共鸣的音色就特别突出，发出我们平常所说的"鼻音"。鼻腔共鸣虽然在发音时不费力，但比较挤，声音听起来比较单薄，不够圆润、优美，因此我们一般在服务和播音中运用鼻腔共鸣较少,而在一些外国电影配音的影片中经常能听到鼻腔共鸣的运用。这并不是说在服务和播音的过程中完全不能运用鼻腔共鸣,而是要注意运用的方法,一定要将鼻腔打开,鼻腔打开得越大,则声音越饱满;若鼻腔空间狭小,音色就会扁而刺耳,毫无美感。

（三）胸腔共鸣

胸腔共鸣的音色比较浑厚,一般来讲,男士运用胸腔共鸣的情况比较多,胸腔共鸣塑造的音色是一种富有磁性的声音,振动胸腔共鸣时,能够感觉到声波在胸腔的明显振动,在播音中胸腔共鸣有助于表达深沉、厚重、忧伤等情感;在服务中胸腔共鸣塑造的音色会给人一种安稳、可信的感觉。

这三种共鸣方式不是孤立存在的,而是互相联系、互相作用的。只有在实际使用过程中,根据情况,选择恰当的共鸣方式,才能在服务和播音中更好地表情达意。

 项目训练

青藏铁路——拉萨站播音稿

各位旅客,我们的列车沿拉萨河一路前行,即将驶过拉萨河特大桥,穿越柳吾隧道,抵达我们本次行程的终点——拉萨。

拉萨河特大桥是青藏铁路的标志性工程之一,距拉萨市中心5千米。桥的东侧为拉萨市区,西侧为建设中的拉萨经济技术开发区。拉萨河特大桥在国内首次采用"五跨三拱连续梁系列"组合体系,以及主跨双层叠拱结构,具有很高的技术含量。钢管混凝土连续拱格这一造型,既有宏观上拱轴线构成的优美曲线和一定的体量雄浑感,又有细部富有韵律的桁架式别致构造。

拉萨河特大桥的设计引入了青藏高原连绵起伏的雪山意象和哈达、经幡柔美飘逸的特征,体现出浓郁的雪域文化特色。纯白色的桥体宛如圣洁的哈达,流畅的半弧形拱圈仿佛飘舞在青山绿水间的经幡,主桥桥墩采用牦牛腿式的变截面双圆柱,引桥桥墩则恰似河面上绽放的雪莲花。整个桥体造型优美、结构新颖,既富有民族特色,又颇具时代气息,较好地实现了与环境景观的完美统一。当列车驰上大桥时,在您的左方,可以眺望到金碧辉煌的布达拉宫。

拉萨火车站具有浓郁的藏族传统风格,主体建筑高3层,长336米,可容纳2000人同时进站候车。车站外墙是斜体,采用了藏红、藏白和黄色三种藏族人民喜爱的色调,站房窗户设计为藏式小巧玲珑的风格,内部装饰也体现了藏文化的特点。整个站房与布达拉宫隔河相望,已成为拉萨市的又一个标志性建筑。车站的设计还充分体现了以人为本的原则,在进出站口都设有自动扶梯,以尽量缩短旅客上下车时的步行距离。

西藏自治区首府拉萨,位于雅鲁藏布江支流拉萨河北岸,海拔3650米,是一座具有1300年历史的古城。拉萨市管辖7县1区,市区面积523平方千米。全市有藏、汉、回等31个民族,其中藏族人口占87%。

圣城拉萨因绮丽的风光、悠久的历史、众多的文化古迹、浓厚的宗教氛围而闻名于世，成为世界上最具特色、最富魅力的城市之一。这里有世界文化遗产布达拉宫、大昭寺、罗布林卡，有佛教名胜哲蚌寺、小昭寺，有大名鼎鼎的八角街，更有热情好客的藏族同胞。拉萨是一部厚重的书、一幅鲜活的画、一首古老的歌，正等待着您用心去阅读、去观赏、去聆听！

各位旅客，我们这个临时大家庭中充满了温暖和友谊。在这短短的时间里，我们战胜了高寒缺氧，欣赏了壮美风光，结识了新的朋友，希望这段难忘的经历能留给您美好的回忆，更希望您以后能再次光临我们的列车。

在这依依惜别的时刻，我们祝您在拉萨期间旅行愉快，身体健康，扎西德勒！

项目四 播音发声口腔控制基本功训练

 学习目标

1. 知识目标
（1）了解咬字器官的构造。
（2）了解吐字归音的重要性。

2. 能力目标
（1）能够掌握吐字归音的要领。
（2）通过练习能够灵活掌握吐字归音的技巧。

3. 素质目标
（1）通过运用吐字归音的技巧让声音更加圆润动听，富有表现力。
（2）养成标准、规范的吐字发音的习惯。

典型工作任务 1 口腔控制的要领

 任务引入

大家来试试，下面的绕口令你是否都能读清楚。

1. 牛郎恋刘娘，刘娘念牛郎。牛郎年年恋刘娘。刘娘年年念牛郎。郎恋娘来娘念郎。念娘恋娘，念郎恋郎，念恋娘郎。

2. 墙上一根钉，强作钉上挂条绳，滑落绳下瓶，打碎瓶下灯，砸破灯下盆。瓶打灯，灯打盆，盆骂灯，灯骂瓶，瓶骂绳，绳骂钉，钉怪绳，绳怪瓶，瓶怪灯，灯怪盆，叮叮当当当当叮，乓乓乒乒乒乒乒。

3. 东边来了个锡匠卖锡，西边来了个漆匠卖漆。锡匠拿锡换漆匠的漆，漆匠拿漆换锡匠的锡。锡匠换了六斤六两漆，漆匠换了九斤九两锡。锡匠漆匠笑嘻嘻，锡匠漆匠都有了漆和锡。

4. 我说四个石狮子，你说四个纸狮子，石狮子是死狮子，纸狮子也是死狮子。

5. 板凳宽，扁担长。扁担没有板凳宽，板凳没有扁担长。扁担在绑在板凳上，板凳不让扁担绑在板凳上，扁担偏要扁担绑在板凳上。

 知识准备

汉语艺术语言发声中所说的吐字归音指的就是口腔控制。

一、咬字器官和吐字归音

（一）咬字和咬字器官

由肺呼出的气流通过声带发出声音，经咽腔到达口腔，在口腔内受到各种节制而形成了不同的音。这一过程就叫作咬字。而口腔内对声音起节制作用的各个部位就是咬字器官。它包括双唇、舌（舌又可分为舌尖、舌叶、舌面和舌根）以及上下齿，上下齿龈上腭（包括硬腭、软腭）和下腭。其中唇和舌在形成字音的过程中运动最积极，起的作用最大。

口腔可分为上下两大部分，而下腭可以有控制地开合，以改变口腔的容积。口腔下部有能灵活运动的舌。舌与口腔上部可以形成各种阻碍，同时舌高点又使口腔分为前后两个腔体。舌的形状的变化可以使口腔的形状发生变化，口腔上部的软腭能升能降，以阻塞或是打开鼻腔通道，改变口咽部的形态。口腔最前端是开闭、展撮自如的上下唇，这是声音的出口。

由于口腔中各咬字器官的活动，使口腔能灵活地变换形状和容积，造成不同的元音音色，而它们对呼出的气流构成的各种阻碍又形成了不同的辅音。构成一个个音节，咬字器官是一个协调动作的整体，各部位互相关联，但它们之间又各有分工，在吐字过程中起着不同的作用。

（二）吐字归音

许多人都以为"声带"是我们发声的唯一器官，其实不然。"口齿唇舌"不但能发出声音，而且可以更好帮助"声带"修饰声音。试想，如果没有"口齿唇舌"的帮助，而只靠声带发声，语言将不复存在。通过调节喉部肌肉，可以让声带发出高低不同的声音，而吐字归音则是由"口齿唇舌"来完成的。一段语音中吐字归音是否准确，和"口齿唇舌"有着密不可分的关系。

在长期的语言实践，特别是民间说唱艺术实践中，我国人民总结出许多行之有效的吐字方法，"吐字归音"是这些方法的集中体现。播音吐字虽然与说唱艺术吐字有一定区别，但吐字归音是建立在汉语音节结构基础上的发音方法，它对各种不同语言活动具有普遍意义，不仅戏曲、说唱艺术可以从中受益，现代的话剧、电影表演艺术也可以从中吸取有益的成分，播音当然也不例外。甚至一般的语言交际也可以借鉴这种吐字方法，使发音得到改善，增加语言的魅力。

二、汉语语音结构的特点

（一）每个音节的信息量大

词是语言中代表一定意义、具有固定的语音形式，可以独立运用的最小的语音结构单位。在现代汉语中，双音节词占优势，单音节词也占有相当的比例，因此汉语中每个音节负载的信息量相对而言比其他语言大，对每个音节发音吐字的清晰准确程度的要求也高于其他语言。

（二）一个汉字基本上是一个音节

每个汉字基本上是一个音节。每个汉字都有固定的形、音、义。每个汉字同时就是一个单音节词或是复音节词的词素。我们讲吐字，除了指音节的发音以外，还包含这个音节在词中所占的位置及其发音问题。在词中，词义是核心，是本质，语音则是其表现形式，是其物质外壳。从语言的角度看，吐字发音必须要符合表情达意的需要。语流中有音变现象存在，播音员需要根据具体的语言环境，掌握语流音变的规律。每个汉字为一个音节还形成了汉语独特的节律，在有声语言表达中，我们需要在保持语流顺畅的前提下注意语音的节奏变化，充分运用并发挥汉语的节律美，以提高语言的表现力。

（三）汉语音节结构的特点

（1）汉语音节结构比较规整，每个音节由声母、韵母和声调三部分组成。汉语音节中元音成分占优势。元音是乐音，响亮、通畅。但元音成分占优势又容易使音节中的辅音成分被忽略，而影响字音的清晰度。汉语的发音吐字必须注意每个音节开头的辅音发音的力度。

（2）音节以声母开头，韵母接于其后。韵母中又以舌位滑动的复韵母、鼻韵母占多数。多数音节的发音，口腔由闭而开再到闭，两头小中间大，响亮的主要元音居中。汉语音节构成的这一特点是吐字圆润如珠的客观基础。

（3）汉语是有声调的语言，每个音节都有自己音高的升降曲直形式，本身带有音乐性。汉语极富抑扬之美。

（4）韵母有四呼之分，它们之间有着对应关系，而四呼的划分又与唇形的圆展直接相关，因此唇形在汉语吐字中相当重要。

从以上对汉语音节结构特点的分析可以得出如下结论：汉语的音乐性强，声音优美而富于表现力，它对吐字发音提出了较高的、有独特性的要求。

三、吐字归音的要领

吐字归音是使字音清楚、准确、完整、饱满的传统发音手段。吐字时要对每个音节在发音过程中的不同阶段做出不同的处理。吐字归音把对字头、字腹和字尾的处理分别叫作出字、立字和归音，并分别提出不同的要求。吐字归音需要把握出字、立字、归音的要领。

（一）出　字

出字是指吐字归音过程中对字头的处理，要求做到字头出字有力，叼住弹出。字头是一字之头，对它的处理影响整个音节的质量。字头有阻气、蓄气的作用，字头阻气有力，气息才能在成阻部位之后形成一定压力。在声母发音的初始阶段要"叼住"，这是就声母的成阻和持阻阶段而言，也叫咬字阶段。叼住的意思是指咬字要有一定力度，成阻部位的肌肉要有一定的紧张度，阻气有力，同时咬字的力量要集中在相应部位的中纵部分而不是满口用力。要用巧劲，不能咬得过紧或者过松。叼住才能弹出。只有出字有力，才能带动整个音节，使之响亮清晰。但如果咬字过死，也会使发音显得很笨拙。所以字头发音除了发音部位准确，还应适当把握咬字力度，成阻和除阻力量要适度。

字头包括声母和韵母中的韵头（介音）。在实际发音中，韵头和声母的结合更紧密。在发音过程中，字音尚未发出，我们已经依据韵头元音的特点，控制好唇形。对韵头的处理要注意在发音时应与声母贴近，使字音迅速过渡到字腹。作为协同发音动作，声母的唇形应与紧接其后的元音一致，使整个发音过程更协调。零声母前的"附加"字头也应保持力度，做到出字有力。否则会混淆音节间的界限，导致音节模糊，造成语意不清。

（二）立　字

立字是指吐字归音过程中对字腹的处理。要求做到字腹立字饱满，拉开立起。字腹即韵腹，这只是由于对字音分析的角度不同而产生的不同叫法。它是韵母中的主要元音，口腔开度最大，泛音共鸣最丰富，声音最响亮。字腹发音的圆润饱满需要口腔开度适当扩大，以使元音间保有明显的对比，口腔随字腹立起而打开。需要注意的是，字腹的发音是在滑动中完成的，即使是单元音韵母，其发音动作也要在本音位范围内做轻微移动，不可僵死不变。复合元音韵母中，这种滑动更为明显。有人以为立字时字腹发音要保持一种固定的状态，这种认识是不正确的。字腹在整个音节中明显突出，一方面由于处于字腹地位的主要元音开口度相较其他元音要大，因而比较响亮。另外，主要元音发音较完整，持续时间稍长，也使字腹在听感上较为突出。

（三）归　音

归音是指吐字归音过程中对字尾的处理，要求做到字尾归音弱收到位，归音趋势鲜明。字尾在一个音节的发音过程中处于口腔由开渐闭、咬字器官由紧渐松的阶段。到位是指尾音应到达的位置。舌位的动程要有鲜明的趋向，咬字器官应有个渐闭的过程。弱收则是指字尾的发音渐弱趋止的过程。但在趋止的过程中也要保持发音动作的完整，保持字音结束的趋向。对于开尾音节"附加"的喉关闭形成的字尾，发音动作也应注意渐弱收止。不可违反发音的生理规律，矫枉过正地将字尾收得过紧，听感僵硬，破坏与后面音节连接的流畅性，影响语言的节奏。但应明确指出，生活语言中最常见的现象是归音不到位。这是因为字尾元音多为开口度较小的元音，再加上所处的弱化地位，发音时只需大致显露出字尾去向就能使人听清，不致引起人们的误解，因此在生活语言中，用元音鼻化代替鼻韵母的鼻尾音和元音归音不到位的现象极为普遍。播音发声中应强调积极的用声状态，克服归音不到位的现象。尽管字尾在一个音节中相对来说比较轻、短，我们仍要注意不要在归音过程中位置不到家，同时也要防止拖泥带水留尾巴。

对出字、立字、归音在吐字归音中的要求，可以总结成以下几句话：

出字要做到：叼住弹出、部位准确、气息饱满、结实有力、短暂敏捷、干净利落、定型标准、准确自然。

立字要做到：拉开立起、气息均匀、音长音响、圆润饱满、窄韵宽发、宽韵窄发、前音后发、后音前发、圆唇扁发、扁唇圆发。

归音要做到：尾音轻短、完整自如、避免生硬、突然收住、归音到位、送气到家、干净利落、趋向鲜明。

（四）"枣核形"的整体吐字归音技巧

"枣核形"是民间说唱艺人对吐字过程形象的描述。它是指头、腹、尾俱全的音节吐字的状态。字头叼住弹出，字腹拉开立起，字尾到位弱收，合起来成为一个两头小中间大的"枣核形"。它涉及吐字时音节各部分的口腔开合及所占时值长短。如果在播音中能恰当地运用吐字归音技巧，做到字头有力、字腹饱和、字尾归音弱收到位，那就能使吐字既准确清晰，又圆润饱满。

枣核形的说法体现了汉语语音发音吐字的特点，但我们还要注意到，枣核形本身是一个整体，是咬字器官互相协调的过程，字音在滑动中完成，而不能被机械分割。整个字音发音过程要有滑动感、整体感。同时，枣核形也不是一成不变的，而是随语流中音节的疏密、情感的变化而变化的。

吐字归音与其他发声技巧一样，是为表情达意服务的，要根据具体内容、形式的不同要求而灵活运用，不能本末倒置，不能为求"核形"的完整而破坏播音发声的自然流畅。

四、咬字器官互相配合的要领

吐字清楚不清楚除去先天因素之外，和后天的锻炼也有密切的关系。控制口腔的技巧就是控制辅音、元音的发音技巧。我们只有经过不懈的锻炼和规范才能做到吐字清晰有力。

字音主要由咬字器官配合发出，因此要熟悉咬字器官并学会控制咬字器官。咬字器官的互相配合有如下几个要领需要掌握：

（一）打开口腔

播音发声比生活语言口腔开度要大，打开口腔要有提起上腭的感觉，同时下腭要放松，上腭的提起和下颚的放松可以适当扩大口腔容积，为字音的拉开、立起创造条件。这个状态是通过"提颧肌，打开牙关，挺起软腭，放松下巴"来实现的。

提颧肌不是做成微笑状，而是颧肌稍有紧张的感觉就可以了。这样对吐字的清晰、明亮会产生积极的影响。

打开牙关，主要是指双侧上后槽牙，保持向上提起的感觉。这样做也是为了加大口腔开度，丰富口腔共鸣。

挺起软腭，是抬起上腭后部的动作。可以加大口腔后部的空间，同时减小鼻腔通路的入口，以避免气流过多地灌入鼻腔而造成浓重的鼻音。

放松下巴，也是为了打开口腔。打开口腔，上腭并不能打开，只有下颚依靠关节可以打开。下颚的紧张会使舌骨向后上方移动，牵动喉头上提，使声音通道变窄。喉部肌肉不正常的紧张，会造成发声的紧张吃力，加重加快疲劳感。

（二）力量集中

咬字器官力量的集中是使声音集中的重要一环。而咬字器官力量的集中主要表现在唇和舌上。唇的力量要集中到唇的内缘，集中到中央三分之一处。唇的力量分散是造成字音散的主要原因。舌的力量集中，首先在发音过程中舌体要取收势，力量要集中在舌的前后中纵线上。另外，无论是发辅音还是发元音，舌的有关部位力量集中，成阻部位要呈点状接触而不是片状接触，声音才能集中，如果力量分散，声音也就散了。声音散、缺乏力度、字音含混不清，唇舌无力是最主要的原因。而发声时唇舌不用力又是当前生活语言以及播音发声中的通病。我们必须认识到双唇是发声的最后一道关口，唇的力量集中，双唇贴住上下齿不但可以改善画面形象，同时还可以减少因双唇松弛形成唇齿间的腔体造成的湍流，使声音干净明亮集中。

典型工作任务 2　口腔控制的习得

 任务引入

前面我们让大家做了绕口令的练习，也许你会发现有的绕口令读得很绕口，不够清楚。那我们发音准不准确、清不清楚和吐字归音是否标准有着密切的关系。

普通话音节分为声母、韵母、声调，也可以叫作字头、字颈、字腹、字尾、字神。大家从这些字眼可以看出，要想说出的声音具备"大珠小珠落玉盘"的效果，吐字归音就要做好从张嘴、运气、吐气、发声、保持、延续到收尾的一系列控制，所以想要更上一层楼，就要勤于练习。

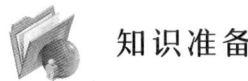 知识准备

一、口腔训练内容的选取

播音吐字训练除了掌握正确的方法，还应在练习内容上有所选择，根据以往的经验，首先，吐字训练的重点应放在字词上，要先将声母和韵母练好，进而将单字和词发音规范化，做到字音准确清晰、圆润有力。在做双音节或多音节词练习时，除了注意声母、韵母外，还应注意声调的准确，避免含混。其次，古诗词朗读是这一阶段练习内容之一。古代诗词语言凝练，意境深远，每个音节所含信息量和情感分量都极其丰富，用有声语言表达时需要对内容进行挖掘和理解，充分地使每个音节得到夸张和舒展才能尽情达义。最后，绕口令的训练在锻炼语言基本功方面起着矫正发音部位、促使反应敏捷、运气自如、吐字清晰等重要作用，不失为一种有趣、奏效的训练途径。

口腔控制主要指发音时咬字器官的整体配合状态。口腔控制训练分咬字器官的训练和吐字归音训练两部分进行。训练内容中有个别词语、诗词、绕口令等与语音训练重复。内容虽重复，但训练的要求和侧重点并不相同。

吐字是为表达服务的，作为基本功，我们要求吐字工整，但在实际运用的语言中，则不应对每个字的发音都如此苛求。在语言表达中，吐字的工整是就整体而言的。具体到每句话中，应当根据内容和感情色彩的不同，遵循语言固有表达规律，错落有致地安排吐字。常有播音员片面理解吐字的重要性，过分强调每个字音都字正腔圆，忽视了语言表达中发音应有的动态变化，不是语言形式服从语言内容，而是将千变万化的语言内容和表达方式都套入僵死的吐字形式中，这样的吐字绝非播音吐字所要达到的目标，需要在训练过程注意。

二、口腔控制练习

（一）口部操——唇舌力量练习

口部操以唇舌力的练习为主。常做口部练习，提高唇舌的灵活程度，可以有效地加强唇部、舌头的训练，是吐字归音练习的基本功。

1. 唇的练习

（1）喷——也称作双唇打响。双唇紧闭，将唇的力量集中于唇中央三分之一的部位，唇齿相依，不裹唇，阻住气流，然后突然连续喷气出声，发出[p]-[p]-[p]的音。合口呼、撮口呼撮唇不好的人可以多练。

（2）咧——将双唇闭紧尽力向前噘起，然后将嘴角用力向两边伸展（咧嘴），反复进行。

（3）撇——双唇闭紧向前噘起，然后向左歪、向右歪、向上抬。

（4）绕——双唇向下压。闭紧向前噘起，然后向左或向右做360°的转圈运动。

2. 舌的练习

（1）刮舌——舌尖抵下齿背，舌体贴住齿背，随着张嘴，用上齿沿刮舌叶、舌面，使舌面能逐渐上挺隆起，然后，将舌面后移向上贴住硬腭前部，感觉舌面向头顶上部"百会"穴的位置立起来。这一练习对于打开后声腔和纠正"尖音"增加舌面隆起的力量很有效。口腔开度不好的人、舌面音 j、q、x 发音有问题的人可以多练习。

（2）顶舌——闭唇，用舌尖顶住左内颊、用力顶，似逗小孩儿嘴里有糖状，然后，用舌尖顶住右内颊，做同样练习。如上左右交替、反复练习。

（3）伸舌——将舌伸出唇外，舌体集中、舌尖向前、向左右、向上下尽力伸展。这一练习主要练习使舌体集中、舌尖能集中用力。

（4）绕舌——闭唇，把舌尖伸到齿前唇后，向顺时针方向环绕360°，然后向逆时针方向环绕360°，交替进行。

（5）立舌——将舌尖向后贴住左侧槽牙齿背，然后将舌沿齿背推至门齿中缝，使舌尖向右侧力翻。然后做相反方向的练习。这一练习对于改进边音 l 的发音有益。

（6）舌打响

①将舌尖顶住硬腭、用力持阻，然后突然弹开，发出类似"de"的响声。

②舌尖顶住上齿龈，体会用力发"打"（da）音时舌尖与上齿龈成阻、持阻、除阻时的动作。然后，用舌尖抵住上齿龈阻住气流，再突然放开，爆发出[t']、[t']的声音。刚刚开始练习时，由于舌尖无力[t']音的响声较小，舌尖有力之后，响声才能明显些。做舌打响练习时，声带不颤动，不带音。这一练习，对舌尖成阻无力的人改善舌尖成阻、持阻的力量有益。d、t、n、l 发不好的人可以多练。

③舌根抬起至软硬腭交界处，体会用力发 ga（嘎）音时，舌根与软硬腭交界处成阻、持阻、除阻时的动作。然后，像[k]音[k']音时那样，舌根与软硬腭交界处不断地连续做"阻气——突然打开——阻气——突然打开……"的打响动作。这一练习可以改善舌根的力量及灵活性。g、k、h 发不好、韵母 u、e、o 发不好的人可以多练。

（7）捣舌——将枣核样物体（枣核、橄榄核等）尖端对正口腔前后中纵线放在舌面上，用舌面挺起的动作使它翻转，反复练习。

3. 字头出字叼住弹出的练习

汉语音节开头有声母的居多，声母要发得准确、清晰，需要注意对辅音发音的成阻、持阻、除阻各阶段都给以足够的注意。"字正"指声母辅音的成阻部位要准确。"叼住"（也称作咬字）指声母成阻、持阻阶段的发音特点。要想叼住，注意四个方面：一是成阻要有一定力度，成阻部位的肌肉有一定紧张度、阻气要有力；二是成阻的力量应集中在相应部位的中纵线上，不是满口用力；三是要"叼"不要"咬"，即成阻用巧劲（瞬间用力）不用拙劲；四是声母的唇形（唇齿音除外）要与后拼韵母的"四呼"相对应。

"弹出"也称作吐字阶段，指声母辅音除阻阶段的发音特点及方法。除阻要轻捷有力，像弹出的弹丸，不粘不滞，不使拙劲。在实际发音的感觉上，只有叼住才能弹出；若成阻、持阻无力，除阻就弹不出。"叼住弹出"的训练在练声时需要用适当的夸张来体会肌肉的力度变化和配合。弹出时容易出现的出字问题，主要有三种：一曰

"浮"，指唇舌无力，咬不住字；一曰"拙"，指成阻用力过大、持阻时间过长，或者是满口用力；三曰"艮"，指音节的独立性过于明显，以至影响了语流的连贯性和音节在语流中的变化。

4. 字腹立字拉开立起的练习

从吐字的枣核形来看，"字腹"的说法很形象：饱满、圆润、时值最长。字腹在音节中，应该是口腔开度最大、泛音共鸣最丰富、听起来最响亮。立字的"拉开"，指从字头到字腹发音的过渡要尽快打开牙关，使发声母辅音时局部紧张的肌肉尽快过渡到口腔肌肉均衡紧张的状态。"立起"指主要元音在音节发音中，要占据足够的发音时间，使元音响亮、圆润的音色比较明显，这在听感上会产生字"立"起来的饱满感。单元音韵母的发音，应注意做到"声挂前腭"。复合音韵母的发音，应注意音素的结合关系，发音时要在唇舌的渐变过程中，完成各音素间的过渡。读双音节词的过程中，需要注意保持韵腹主要元音的圆润、响亮、饱满，主要元音仍然应该"声挂前腭"。

5. 字尾归音弱收到位的练习

归音指音节结束时的要领，对于保证音节发音的完整很重要。无论有无韵尾的音节都有归音问题。"吃字"现象，除了指声母发音叼不住、某些字的韵腹丢失之外，也指字尾处理不当而丢失音素的现象。"弱收"指根据音节发音枣核形的要求，音节结尾的音渐弱收音，这样才便于音节发音的完整性和音节之间的区分。"到位"指有韵尾的音节、字尾音素的舌位发音时要到规定位置，或者可以理解为音节发音结束时，口腔肌肉的"紧张感"。比如：字尾是 n 的音，舌尖必须抵到上齿背；字尾 ng 的音，舌根要隆起并抵到软硬腭相交的地方。有韵尾的音节，可以用格律诗讲练，注意韵尾元音唇舌到位，韵尾鼻辅音成阻到位。无韵尾的音节，注意归音时口腔控制口形、唇形，保持到发音结束。

6. 整个音节形成枣核形的练习

"枣核形"是一种比喻。声音是看不见的，但"枣核形"的意念，有助于我们在音节发音时，把握各部分口腔控制，形象地显示了出字、立字、归音这个吐字归音的全过程。另外，"枣核形"还可以根据内容表达的需要，进行或圆些，或扁些，或大，或小，或长，或短等改变。

典型工作任务3　服务和播音中的口腔控制运用

 任务引入

吐字归音是播音员、服务人员的一项基本功。优美动听的有声语言是我们进行创

作的主要手段。但这种有声语言已经不是纯生活语言，而是生活语言的扩大和美化。吐字归音是我们传情达意进行再创作的基础，也需要在生活语言基础上加以艺术化。听众观众对播音员吐字归音的要求是"字正腔圆"。要达到这种效果，就需要创造一个有利于吐字的环境，这个环境就是直接形成语音的口腔。我们要运用吐字归音的技巧，使我们的字音符合汉语语音出字、立字、归音的规律。

 知识准备

在播音实践中，初学者常见的毛病是字头发音无力，造成吐字不清晰，而入门后又往往由于理解偏差或使用过度，造成吐字"滞拙"，语流不畅，影响播音发声的效果。当前一些播音工作者在语流中出现的把一些外语的发音习惯带到汉语的吐字发音中来的现象，同样需要引起重视。造成这种现象的原因是对吐字归音的重要性认识不够。

一、口腔控制在播音发声中的重要性

加强口腔控制是保证播音发声质量的关键，吐字在播音创作中占有举足轻重的地位。如果一个播音员吐字含混不清，那他就不具备从事播音工作的基本条件。吐字含混不清不仅会造成听众理解上的困难，有时甚至还会造成误解，产生不可预料的严重后果。对多数播音员来说，吐字含混可能不是他们的主要问题，但吐字不够清晰圆润却是很常见的毛病，影响了这些播音员专业水平的进一步提高。无论对初学播音者还是对已有一定经验的播音员，吐字都是需要认真注意的重要问题。作为播音的一项基本功，掌握正确的吐字方法，达到吐字准确清晰、圆润集中和富于变化，更完美地表达出有声语言中所蕴含的大量信息和丰富的思想感情，是每一个播音员不懈追求的目标之一。人们对广播电视这种传播形式的发音吐字会产生一种社会性的需求和评价标准。虽然不同时代的社会需求和评价标准会有不断变化的要求，但语言作为一种交流工具，播音语言作为一种艺术形式，都会有一些相对稳定的要求。

二、口腔控制在播音发声中的运用

（一）播音发声的特点

广播电视是一种特殊的传播形式，有它自身的特点：

第一，播音员的主要交流对象不在身边，他们无法确切得知受众的具体情况，也不能通过观察得到的反馈及时调整讲话内容和讲话方式。

第二，通过电波传递的语音信号在传播过程中，会受到损耗而变得模糊、不够清楚。

第三，汉语语音有独特的结构组成：现代汉语虽以双音节词为主，但单音节词仍大量存在，词所包含的音节数量少而音节的信息负载量较大；汉语音节结构比较规整，音节多以声母开头、韵母接其后，韵母中又以舌位滑动的复合元音韵母和鼻韵母居多；汉语多数音节的发音存在明显的由闭到开再由开到闭的动作过程，而响亮的元音居于中间的多，同时主要元音还有区分意义的音高变化——声调。这就构成了汉语音节发音速度较慢、自成表意单位和发音过程阶段性明显的特点。

（二）播音发声对口腔控制的要求

以上这些特殊性都要求播音员的语音吐字要准确、清晰，能最大限度地降低听众、观众收听理解的难度。这些特殊要求都需要通过加强口腔控制来解决。汉语艺术语言发声中所说的吐字归音指的就是口腔控制。

1. 规范性要求——发音准确

"广播电视语言传播，是传播者在特定环境中借助电声系统传播信息的语言活动"，其语言活动的目的是传播信息，这些信息对于受众而言大多是未知信息，因此对传播者声音的基础要求就是规范、准确，来充分保障信息传播的效果。所以我们对播音发声的要求首先是要说发音准确的标准普通话，即普通话声母、韵母、声调的发音准确到位。而吐字发音准确规范正是发音准确的前提。另外，普通话是一种高于自然语言的标准语，普通话语音系统有着很明确的标准。对播音工作者来说，普通话已经不单纯是个人交际的工具，而是大众信息传播的载体，播音工作者的职业当仁不让地要承担起"标准语的典范"这一重任，因此对播音工作者在语音的规范性上有着更高的要求。

2. 审美性要求——清晰、圆润

虽然人们在日常口语中也有对发音的审美要求，而播音员利用大众媒体进行语言传播，让受众最大限度地接受其传播的信息，因此对其语音的审美的要求更高。普通话只有400多个音节，而基本上每个音节在语流中都是有音有意的语素，而汉字就是记录这个音义结合体的，因此，汉语口语对于字音的准确和清晰度要求很高，为提高字音的传播效果，也就有了中国人独有的建立在汉语音节结构特点之上的"吐字归音"方法，提出"字正腔圆"的发音审美要求。播音主持艺术要求播音工作者在发音过程中，给人一种圆润动听的感觉。由嗓音形成的圆润音色与吐字形成的圆润音色所指不同，内涵不同，我国传统说唱中形容圆润的吐字为"吐字如珠"，这种说法形象地勾画出字音的圆润与吐字动作之间的密切关系。艺术语言的吐字与生活语言的吐字相比，更加错落有致，该强则强，当弱则弱。字与字、词与词之间不是同等对待，需要突出的音节，可能发音时间较长，吐字也比较工整。而那些不需要突出的音节则弱化，吐字也相对松散些。正是这种丰富的吐字变化，配合声音的抑扬起伏，构成了富于变化的生动的言语世界，表达出人们多样的思想和丰富的感情色彩。因此，正确的口腔控制即吐字归音的方法能帮助我们塑造更为清晰、圆润、富有审美的语音面貌。

每个播音员都具有与众不同的独特嗓音特征,在发音方式上也各有特点。我们对播音吐字提出要求,并不是要抹杀播音员的发音个性特点。播音员应当保持自己的风格,但保持个人风格不应以牺牲听众需求为代价,两者应相辅相成,相得益彰。

 项目训练

一、易混淆的铁路客运车站站名

站名	所属线	易错原因	站名	所属线	易错原因
艾河、爱河	京原、滨绥	同音	丰城、凤凰城	沪昆、沈丹	易混
白果、柏果	成昆、水红	易混	古源、固原	富西、宝中	易混
白沙、白沙沱、白沙坡	成渝、渝怀、盘西	易混	集宁、济宁	集二、新石	易混
巴彦高勒、巴彦郭勒	包兰、集二	易混	花山、华山	鸭大、陇海、南同蒲	易混
沧州、常州	京沪、京沪	易混	吉安、集安	京九、吉井、梅集	同音
大巴、大坝	新义、包兰	易混	金城江、晋城	黔桂、太新	易混

二、常用服务语

1. 先生、女士、同学、小同学、小朋友、旅客们、这位旅客、各位旅客。
2. 你好,谢谢!
3. 谢谢您的配合/支持!
4. 请您听我解释!
5. 谢谢您的夸奖,这是我们应该做的。
6. 很抱歉,我们马上改正(改进)。
7. 您有什么困难,请告诉我/请讲。
8. 请原谅/请稍候/请不要客气。
9. 请您多提意见/请您出示车票。
10. 请您走好/祝您一路平安!
11. 请大家排好队,按顺序进站(上车)。
12. 请您先过/请您拿好。
13. 不客气/不用谢!
14. 请您抬抬脚,别碰脏了您。
15. 打扰您了/麻烦您了。
16. 对不起,请让一下(借光、劳驾)。
17. 请不要在车厢内吸烟/请您到通过台吸烟。

18. 请把吃剩的果皮放在果盘里好吗？谢谢！
19. 对不起，请您坐起来给这位旅客让个座，谢谢。
20. 请您几位说话声音小一些好吗？以免影响其他旅客休息，谢谢！
21. 对不起，夜间不能到卧铺车厢会客，如有急事，我可以帮您。
22. 对不起，衣帽钩是挂衣服和帽子的，请您把提包拿下来好吗？谢谢！
23. 对不起，您的小孩已经超高，按规定应补小孩票。
24. 对不起，您的减价票不符合规定，请补办差价手续。
25. 对不起，空调（茶水炉）可能出现故障，我马上通知检车人员维修，请稍等。
26. 对不起，打扰您了，请出示车票（卧铺牌），谢谢！
27. 对不起，由于线路施工，本次列车晚点×分钟，耽误大家的时间，十分抱歉！
28. 对不起，由于正值春运（暑运）期间，旅客较多，列车已处于超员状态，请大家互相关照一下，谢谢！
29. 请您看管好自己的物品，以免发生意外。
30. 请您协助我们保持好车内卫生，谢谢！

项目五　播音发声喉部控制基本功训练

 学习目标

1．知识目标
（1）了解人体喉部结构和制声原理。
（2）掌握喉部控制的训练方法。

2．能力目标
（1）通过嗓音和喉部控制训练掌握喉部要领。
（2）掌握喉部控制与呼吸控制、口腔控制配合。

3．素质目标
（1）通过科学的喉部控制改善自己的嗓音。
（2）塑造富有表现力的音色。

典型工作任务 1　喉部控制的要领

 任务引入

平常我们常说这个人嗓子好，那个人嗓子不好，这个嗓子指的就是声音，再具体一点说指的就是喉。喉头内的声带作为振动器官，在有声语言的发声中是占重要位置。它的振动状况直接影响发出声音的质量。有些人认为嗓子好坏是天生的，这句话也对，也不对。喉部构造确实是天生的，比如声带的长短、薄厚等等，它们决定了一个人发声的特征。但是，即使是同一个人，由于发声的时候使用的方法不同，发出的声音的质量也有很大的差异，而发声方法是可以后天训练的。

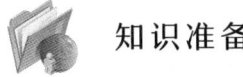 **知识准备**

一、喉的结构

喉位于人的咽部与气管之间。喉由软骨支架、肌肉、韧带和纤维组织膜等构成。声带是喉的一部分。在发声过程中,喉部的控制状态和控制能力决定了声音的音色本质,直接影响语言表达,甚至会影响到嗓音的寿命。因此我们要科学地调整、训练自己的嗓音,以保证有声语言表达的需要。

(一)对发声有直接意义的五块喉的软骨

环状软骨——喉的基础软骨,它前窄后宽,紧接气管上端。环状软骨是形成喉腔的"基座",对保证喉的畅通有重要作用。

甲状软骨——喉软骨中最大的一块,它在环状软骨之上、喉支架的中部,盾甲状。

勺状软骨——位于喉的后部,左右对称各一块,形状近三面椎体。它底部的前角为声带突。勺状软骨的运动可以调整声带的松紧和声门的开闭。

会厌软骨——树叶状,富有弹性,位于甲状软骨上部,喉的入口处。会厌软骨的主要功能是在吞咽食物时关闭喉通道,以防止食物进入气管。

(二)声 带

声带由黏膜、肌纤维及声韧带组成,共有两片,前端起于甲状软骨交角的内面,后端分别联结于左右两侧勺状软骨的声带突,呼吸时,两声带间呈规则的等腰三角形,发声时两声带闭合,前后均不见裂隙。正常的声带呈瓷白色。

(三)声 门

声门是介于两条声带之间的裂隙,是喉腔中最狭窄的部位。声门的开度主要取决于勺状软骨的运动。发音时声带位置处在中线位,声门裂隙为零。

二、喉部控制要领

没有经过发声训练的播音、服务人员,往往在喉部控制方面存在些问题,需要引起注意:比如发音时喉部紧张、用力,或是发音时挤、压嗓子,发出的声音过紧。以及播音用声过实、过虚超出了语言表达需要的范围和程度等等都会影响播音质量的提高,甚至影响喉部的发音能力,缩短播音寿命。

(一)喉头相对稳定

喉头位置相对稳定可以保证声音变化时的和谐通畅以及音色的基本稳定。

如果喉头上下移动的范围增大,使得喉部过于紧张,导致声带负担加重,不仅音色难听，还会使声带疲劳。容易产生病变。因此，我们应该让喉部肌肉保持吸气时的放松状态。发高音时，要尽量控制喉头过多地往上走，当然也要尽量控制喉头过多地往下走，让喉头保持在一个相对稳定的位置，才能保证声音的畅通。

喉头位置和声音质量的关系，早已为人们所注意。我们发现，尽管"说"与"唱"在吐字发声和艺术处理上存在着明显的差异，但在喉头动态方面却十分相似，主要表现在以下三个方面：第一，喉头位置与声道的共鸣作用关系密切。在一定范围内，喉头偏高，高频泛音增加，音色脆亮；喉头偏低，低频泛音增加，音色浑厚。第二，有经验的歌唱演员或播音员不论声音怎样大幅度变化，喉头位移都总是控制在较小的幅度内，可以以说是处于相处稳定状态。这种稳定是在相反的控制力作用下获得的。比如：由高音向低音过渡，喉头自然下移时，使用向上移的控制力；而由低音向高音过渡，喉头自然高移时，使用向下移的控制力。正是喉头的相对稳定，保证了声音变化时的和谐与通畅。第三，未经训练的人，喉头位移依习惯变化，欠缺控制，一般在音高变化时出现明显的上提和下压，有的人还形成了提喉或压喉说话的不良习惯。超出一定范围的喉位移，破坏了喉头的相对稳定，使音色阻塞且不统一，甚至还造成生理疾患。比如，喉头明显上提的人，多带有"挤""卡"音色，而喉头明显下压的人，多带有"空""浑"音色，而且牵制了舌的运动幅度，明显影响到字音清晰度。

在以上的调查分析后，我们会很自然地得出结论——调整喉头垂直位移幅度，保持发声时喉头的相对稳定，是获得变化自然、和谐通畅、润泽丰满的声音的有效方法。

（二）喉头相对放松

播音发声时，喉部积极而放松的状态，是喉部控制的最佳状态。要做到这种状态，就要"抓两头放中间"。也就是说，抓住口腔控制和气息控制，放松喉部。播音发声时，两条声带不是紧密闭合，而是轻松靠拢。在这种情况下，喉部肌肉能自如灵活地运动，才能较好地和呼出的气流协调配合，完成发音过程，否则发出的声音大而拙，表现力差。

我们讲喉部控制需要明确：不是紧张才是控制。因为放松也是控制。所谓放松，就是要打破或避免形成恶性循环，使两力对抗处于最佳配合状态。有句话说得很形象——"会用声的人使气息，不会用声的人使本钱"。由声带振动所形成的喉原音，是共鸣器官进行声音加工和口腔构字的素材。所以，喉原音和有声语言之间存在着类似原料和成品的关系。喉原音的质量直接影响发声的最终效果。为使播音嗓音达到纯净、自然、持久、丰满和富于变化的境界，需在喉部放松的状态下，逐步实现喉部发声能力和控制使用能力的提高。

喉部放松应该是发音时的最基本的感觉。要想提高发音效率，发出悦耳的声音，就要放松喉部。要注意避免一坐到话筒前面或是摄像机前面就喉部发紧，脖子上青筋暴露，要认识到这种挤压出来的声音并不美，而且难以变化，既不自然，又不利于变化。需要说明的是，我们要求喉头相对放松，绝不是提倡越松越好，因为过松会使气息压力过小，致使声带运动迟滞、松懈，播音发声时，喉部积极而放松的状态，才是喉部控制的最佳状态。

（三）喉部控制与呼吸控制、口腔控制配合

发声的过程不是哪一个器官单独的动作，而是在大脑的统一指挥下，各发音器官协同动作完成的。我们在强调喉部控制的同时，也强调与呼吸控制、口腔控制的配合。有控制的气流在通过喉部的声门时，由于声门的控制状态不同，声带松紧、薄厚的变化，发出的频率不同，音色有变化的喉原音，经咽腔到达口腔，在口腔内受到咬字器官的各种节制，才变为承载一定意义的语音传递出来。发声时，我们不能只把喉作为"开关"，发一个音开一下。要想使喉部得到有效的控制，应该在发声的过程中"抓两头，放松中间"，即加强呼吸控制和口腔控制，以求达到喉部发声状态的放松自如。可以说，呼吸控制不好或口腔控制不好都会直接影响喉部控制状态，造成喉部在制声过程中局部不正常的紧张，负荷加重，影响声音的质量。

典型工作任务 2　喉部控制的习得

 任务引入

我们看电视、听广播或者在日常生活当中经常会被某个主持人声音惊艳到，大家可能会觉得他说话声音好听是天赋使然或是通过大量训练才达到的。如果我们自己先天条件不好，就很难塑造出动听的声音。其实并非如此，我们学习的理论知识能使我们更好地了解自己的声音，而大量的实践、练习才是提高的关键。俗话说"拳不离手，曲不离口"，播音工作者的好嗓子并非都是天生的，只有通过长时间坚持不懈的练习，才能成就一副"好嗓子"。

 知识准备

一、加强基本功训练，提高喉的发声能力

播音作为一门"语言艺术"，也很强调"生活""自然"，但这绝非对生活的照搬，而是以纯熟技巧为前提的返璞归真，是艺术的自然。不经严格的基本功训练，没有超乎一般人的发声能力，是不可能取得满意的发声效果的。在进行发声能力锻炼之前，应首先认识自己的嗓音条件。在生活中，人们的嗓音使用大多带有相当大的主观性。如喜欢高音的人就一味用高调门儿说话，喜欢低音的人就有意压低声音。不顾及自身条件和现有发声能力的主观追求盲目而且危险，轻则使发声运动受限，声音色彩单调、造作，重则影响喉部健康，使声带受损。认识自身条件，至关重要的是确定声音类型，它主要包括"声部"和"号儿"两大方面。这两个概念引自声乐理论，分别指个体音高变化范围在人声总音域中的位置（男高、男中、男低、女高、女中、女低）和音色

的宽窄（大号儿、小号儿）。"声部"和"号儿"的关系就如人的身高和体重的关系一样，没有必然的关联。播音发声的音高运动幅度虽小于歌唱发声的运动幅度，也不似歌唱般在特定音高区域内去追求某种特殊音质，但由个体条件所决定的声音类型的区别是客观存在的。确认自己的声音类型，把握住基本的音色特征，在播音发声中尤其是在挖掘声音潜力的声音训练中是有一定意义的。

声音类型的确定以听觉主观判断为主，辅之以发声器官特征的客观检查。在主观判断中要注意剔除造作的"个别音色"，而以持久自然的音色印象为准。客观判断主要有赖于声带、声道长度和体型的综合分析。调查表明，在一般情况下，声带长度和声道长度是成正比的，高音类型的人一般声带、声道较短，低音类型的人则较长。高音类型的人一般身材较矮、体型较胖、脸型圆、颈较短、五官较纤小，而低音类型的人则相反。此外，腭拱形状、气管环可见度以及神经肌肉功能等也是鉴别声音类型的几方面因素。声音类型的确定不是件简单的事情，以上提及的诸多方面应兼而顾之，综合分析，避免以一概全。另外，在声音发展中，不断验证和调整对发声者声音类型的判断也是非常重要的。从我国播音工作者的现状看，高音类型者较多。这一情况的形成和生理遗传、民族语音、文化习俗以及政治背景有关。着眼于发展，我们不仅应注重现有人员的培养，还应发现和吸收中、低音类型的人才。

在对声音类型有所认识的基础上，就可以进行提高喉的发声能力的训练，主要应训练音高的变化、音强的变化以及音色的变化。其中音色变化可集中在虚实、明暗对比的变化上进行。

二、嗓音训练的分类

气流冲击声带，声带颤动产生声音。声带振动的状况决定了声音的音高、音量、音色、音长的变化。想要更好地发声，就要加强嗓音的训练。

（一）音高变化的训练

音高变化的训练是为了扩展音域。作为播音专业人员，只依赖自然发声能力所展现的音域是不能适应有声语言表达需要的。经训练，播音人员的音高变化幅度应达到一个半八度到两个八度。但训练应把重心放在中声区偏低的部分，逐渐向高、向低扩展。

音高由声带的长度变化控制。音高练习的目的是增强声带伸缩的肌肉力量和对声带长度。变化的控制能力，在扩展音域的同时，能灵活地运用音高变化加强语言表现力。有不良用声习惯、发声偏高或偏低的同学，通过这些练习，应能找到适合播音的常用音高。

（二）音强变化的训练

音强变化的训练是为了增强对音量大小变化的控制能力。不同播音表达方式的音量变化幅度不同，绝大多数人依照交谈式→播讲式→播报式→宣读式→朗诵式逐次加大。其间平均声级差在 40 dB 左右，总动力音域的绝对值一般为 20~90 dB。此外，播音发声的音量变化呈较规则的多层次分布。这一情况略大于日常言语的变化幅度，明显小于歌唱的变化幅度。播音发声在音量变化方面所表现出的特点，与语言表达的规整性要求以及电声设备的功能要求有关。其训练要求应在 50 dB 上下，强调规则而细微的变化。

（三）音色变化的训练

播音创作中所要表达的思想感情是千变万化的，作为可感材料的声音，理应有与之相适应的色彩变化。声音色彩变化最主要的表现为虚实变化。就生理机制而言，实声是声带较为紧密靠拢时发出的声音，虚声是声带较为松弛、声门适度开启时发出的声音。丰富的虚实变化与多层次的音高、音量、音长的变化配合，便形成了多姿多彩的声音样式。

应该明确，播音是以"以实为主，虚实结合"的音色为基本色彩，所有播音音色的变化，都是在此基础上的变化形式。"以实为主，虚实结合"的音色，使听众感到结实又不过分明亮，柔和又不显虚空。这种音色是在声带张弛适度的情况下发出的。"以实为主，虚实结合"的音色可以通过如下方法获得：

第一步：在音高、音量比较自然和"宽窄"适度的情况下，发出实声的、足的"a"或"i"的长音。

第二步：基本状态不变，只稍稍放松气力，在带有少许"回音"感的情况下，再次发音。此时，便是"以实为主，虚实结合"的音色。

对于喉部控制，我们强调的是在了解喉部发音器官构造的前提下，喉部在发音状态下的放松。放松本身也是一种控制。而这种放松的感觉是在加强呼吸控制、加强口腔控制的前提下得以实现的。也只有喉部放松，我们才能获得播音发声所需的变化自如的、高质量的声音。

三、嗓音训练方法

（一）音高练习

（1）螺旋式上绕、下绕练习：用"a"或"i"音，从说话的自然音高中的某一个音开始，持续发音，逐渐"环行上绕"即向高音扩展，而后再由刚才达到的、力所能及的高音逐渐"环行下绕"，周而复始，循序渐进。

（2）阶梯式升高、降低练习：首先可用单一元音或单一音节，从说话的自然音高中的某一个音开始，一次次地接连发音，一个音阶、一个音阶地逐次升高或降低。练习时要注意分辨说与唱的区别，避免发出唱声。

在单元音、单音节的练习之后，可以扩展到语句练习，即在保持合理语势情况下，整体提高或降低音调。这种练习也是依照音阶的感觉或降低，或提高，周而复始，循序渐进。训练时应注意呼吸控制的配合，逐次升高。

（3）通过向声音高低两个方向扩展，加大音域范围，对于发音偏高的同学，应着重向低音方向发展，发音偏低的同学，应着重向高音方向扩展。

① 扩展高音。

将自己发出的舒适的中音定为音阶 1。用单元音 a、i、u 做练习音，发长音。然后将声音升高，发音阶 2、3、4、5……注意，发高音时应避免过亮的实声，尽量使用柔和的音色。升高时应当循序渐进，一个新高度发得不费力时再往上升，不可急于求成，以免损害发声器官。

② 扩展低音。

将自己发出的舒适的中音定为音阶 i，用单元音 a、i、u、做练习音，发长音，然后依音阶 7、6、5、4……逐步降低。每次练到发一个音不费力完全自如时，再降至下一个音。声音下降时容易出现声门闭合过紧的喉音，练习时应尽量避免。注意使声门稍开。尽量用柔和音色，这样可避免损害喉部。

（二）音强练习

音强变化训练可采用以下方法：设想不同的听众人数，设想不同的交流距离，采用不同的表达方式。进行这项训练时，应避免用抽象的命令，而且最好首先使用格律诗或文告类稿件，而后再向其他文体稿件过渡。音强变化的训练并不要求绝对值的训练，但要求相对的、有层次的变化。在发高音、强音时，以及低音、弱音时要加强呼吸控制，以保证发声器官的健康，保证发声质量。

（三）音色练习

发声过程音色的虚实、明暗变化是声门开合变化形成的。这种音色变化是丰富语言表现力，准确表达感情色彩的重要因素。通过这部分练习，要求同学们对声带的活动状态有正确的感觉，学会运用不同音色。克服日常口语单一音色的消极发声习惯，增强自己的发声能力。音色变化的训练主要可以通过单元音练习、词语练习、古诗词练习来循序渐进地美化自己的音色。

（1）体会声带的活动状态：气泡音、带疑问色彩的"m"音。

（2）音色对比练习。

两层次音色对比练习

a（实声）——a（虚声）　　　　i（实声）——i（虚声）

多层次音色对比练习

a（实声）——a（虚实声）——a（虚声）

o（实声）——o（虚实声）——o（虚声）

（3）音色连续变化练习。

音色由虚到实，吸一口气，保持吸气时喉部的状态开始发音，然后使声音逐渐产生由柔和到明亮的变化，声门由打开逐渐转为关闭，体会喉的感觉。

音色由实到虚，吸一口气，然后屏住气，让声门保持在闭合状态，开始发音，此时声音是响亮的实声，然后逐渐打开声门，声音由明亮到柔和的音色变化，体会喉的感觉。

典型工作任务3 服务和播音中的喉部控制运用

 任务引入

著名京剧表演艺术家梅兰芳先生用这样几句话概况了对嗓音的保护：

精神畅快，心气平和。
饮食有节，寒暖当心。
起居以时，劳逸均匀。
练嗓保嗓，都贵有恒。
由低升高，量力而行。
五音饱满，唱出剧情。

作为服务和播音工作者，我们在平时的喉部控制中，也可以参照这个标准来保护我们的嗓子，以便更充分、合理地用好我们的嗓子。

 知识准备

一、喉部控制在播音中的意义

在播音创作中，喉部控制起着非常重要的作用，它会直接影响一个播音工作者稿件内容传达的效果。对于播音员来讲，讲究喉部控制具有以下多方面的意义：

（一）改善发音

生活中，我们通常用"他的嗓音真好听"来赞美一个人声音好，用"鸭公嗓""破锣嗓子"形容一个人的音色不好听，并且认为嗓子的好与坏是与生俱来的，无法改善。其实这种看法不完全对。虽然人的声带状况是天生的，但也可通过后天训练改变。所以，我们要试着去训练，争取把我们对声音的运用发挥到最大限度。

（二）丰富色彩

在声音的运用中，我们还要注意声音要有丰富的色彩变化。比如"真声"与"假声"、"实声"与"虚声"等的相互转换，都会丰富我们的声音色彩。

（三）防止弊病

生活口语中，在一般正常的发声状态下，喉肌着力的感觉并不明显，一旦进入语言传播发声状态，要求音量扩大和声音变化，喉部的着力感觉就会明显起来。很多爱好朗读、播音的人，为追求所谓"好听"的音色，根据经过电声传输后的播音员的声音练习，往往发声只停留在表面模仿阶段，将声音共鸣都集中在了喉部，而没有注意到气息、口腔控制与喉部调节的系统关系，形成了压喉挤喉说话的不良习惯，在对音色的追求中，又使喉头不稳定，造成恶性循环，是播音的大忌。

（四）保证健康

如果天生有一副好嗓子，加上正确的用声方法，那么声音会变得更加好听；可是，如果一个人的声音本质不错，但喉部控制暴露的问题比较多、用声方法不对，时间长了，可能会造成弊病，影响播音质量的提高。因此，对于播音员来说，消除弊病、保证喉部健康、拥有正确的用声方法至关重要。

二、在播音中注意克服不良发声习惯和动作

（一）不良发声习惯往往是源于不良发声心理状态

比如，超过自身发音器官负荷地去单纯追求某种声音音色，使喉部长时间在极限状态下工作；或是发声时自我欣赏、自我陶醉而全然不顾客观效果；或是发声时不考虑具体语言环境，"以不变应万变"；凡此种种。声音表现形式往往过紧、过实、过重，或过散、过虚、过轻，或僵滞、呆板、欠运动、少变化。需要调整发声心理，提高审美素养，同时还要多向生活语言学习，从生活语言中汲取营养。

（二）发声时影响喉控制的动作也需要引起注意

有些播音工作者由于节目固定、对手固定、站位固定，发声时头容易稍偏向固定的一侧。这会影响喉部肌肉运动的平衡。当头偏向另一侧时，声音有明显差异。时间长了会使两侧声带控制不平衡，影响声音质量。发声时要注意眼睛平视正前方，克服偏头、偏声的习惯。有些播音员发声时习惯低头或向前伸下巴。这种习惯会因声道处于不自然的弯曲状态而在发声时压迫或拉紧喉部，从而影响喉部控制，影响发音质量。克服这种毛病需要强调工作状态的积极、端庄、严肃、自然。同时，要培养锻炼自己的有声语言表达能力，相信自己有声语言的表现力，避免以过多的头部动作去做有声语言的补充。

项目训练

一、易混淆的铁路客运车站站名

站名	所属线	易错原因	站名	所属线	易错原因
待王、代湾	太新、成昆	易混	金州、锦州、晋州、靖州	沈大、金城、沈山、魏塔、锦承、石德、焦柳	易混
丹阳、当阳	京沪、焦柳	易混	莱阳、耒阳	蓝烟、京广	易混
兰棱、兰岭	京哈、林东	易混	庐山、鲁山	京九、武九、焦柳	易混
龙华、隆化	石德、京通	易混	略阳、洛阳	宝成、陇海	易混
林源、凌源	通让、锦承	易混	萍乡、凭祥	沪昆、湘桂	同音
临江、嫩江	鸭大、富西	易混	三元坝、三原	川黔、咸铜	易混
柳河、六合	梅集、宁启	易混	涉县、歙县	邯长、皖赣	同音

二、铁路常用文明服务忌用语

1. 嘿！
2. 老头儿！
3. 不知道。
4. 土老帽儿。
5. 老黑。
6. 你吃饱了撑的啊？
7. 谁让你不看着点儿？
8. 嫌车慢，别坐呀！
9. 问别人去！
10. 听见没有，长耳朵干吗使的？
11. 怕挤啊，打的不挤，啰唆什么，赶紧下吧！
12. 瞧着瞧着，找死啊！
13. 我就这态度！
14. 有能耐你告去，随便告哪都不怕。
15. 有完没完？
16. 到底要不要，想好了没有？
17. 喊什么，等会儿。
18. 没看我正忙着吗，着什么急？

19. 你问我，我问谁？
20. 我解决不了，愿找谁找谁去。
21. 刚才和你说过了，怎么还问？
22. 靠边点儿。
23. 有意见，找领导去。
24. 到点了，你快点儿！
25. 瞎叫什么，没看见我在吃饭？

项目六　播音表达内部技巧训练

 学习目标

1. 知识目标
（1）把握情景再现的内涵。
（2）了解内在语的定义和作用。

2. 能力目标
（1）理解情景再现的过程。
（2）掌握捕捉对象感的方法。

3. 素质目标
（1）使学生善于以语言内容为依据展开想象和联想，加强感受力，提高表现力。
（2）使学生在播音创作中富于严谨的逻辑性。

典型工作任务 1　展开情景再现

 任务引入

稿件中的人物、事件、情节、场面、景物、情绪……在播音员的脑海里应该像电影那样，形成连续的画面。同时，这画面带有播音员的感受、态度、感情的；带有稿件本身蕴含着的作者的感受、态度、感情及播音员因此而产生的评价体验的"映象"。也就是说，播音员理解和感受稿件的过程，不但感受到了内在的形象——"景"，而且感受到了内在的神采——"情"，从而达到了情景交融的境界，而且这个过程是运动的，不是静止的，是融合的，不是孤立的。

 知识准备

情景再现、内在语、对象感，是从备稿到播音主持艺术创作过程中，使思想感情处于运动状态的三种重要方法，我们把它们统称为"内部技巧"。

当稿件中有形象性内容时，我们要在形象感受的基础上，运用"情景再现"，使之在播音富于鲜明的形象性；当稿件中有逻辑性内容时，我们要在逻辑感受的基础上，运用"内在语"，使播音中富于严谨的逻辑性；"对象感"则帮助我们把稿件更积极、更生动、更清晰、更完美地表达出来，传播到广大听众（观众）的耳朵里、心目中。

具体感受和整体感受，情景再现、内在语和对象感，在"播讲目的"的统帅下，将稿件的语言变成播音员自己要说的话。在这种运动状态下，播音创作才有灵魂，播音语言才有活力。

一、情景再现的概念和特点

情景再现是播音员在进行播音创作中调动思想感情到运动状态的重要手段，是具有播音主持艺术特点的重要术语。什么是情景再现呢？就是在符合作品稿件需要的前提下，以稿件作品提供的材料为原型，使稿件作品中的人物、事件、情节、场面、景物、情绪等在播音员和的脑海里不断浮现，形成连续的活动的画面，并不断引发相应的态度、感情，这个过程就是情景再现。情景再现的展开，必须注意三个问题，以保证情景再现的方向性、丰富性和实用性。

第一，一定要以宣传目的为中心，必须受宣传目的的引导和制约，不要搞情景再现的展览。

第二，以稿件为依据，使文字语言得到升华，用播音员的生活经验对文字语言进行丰富和补充。

第三，以情为主，情景交融。

情景再现的定义中，有三个关键点：感受、想象、表达。感受是基础，想象是桥梁，表达是实现。换句话说，我们要掌握情景再现这一有声语言的表达技巧，需要获得三种力：感受力、想象力、表达力。

二、情景再现的过程

第一步，理清头绪。

我们头脑里连续的活动画面开头是什么？接下去是怎么变化的？以后又怎样发展？结果是怎样的？哪里是横向扩展的？怎样扩展？详细到什么程度？哪里是重点的特写镜头？哪里是远景？全景？哪个镜头大笔勾勒？哪个镜头工笔细描？这些在播音中要心中有数，不可走过场，也不可陷进去。

第二步，设身处地。

要把稿件所叙述、描述的一切，作为亲身所见、亲耳所闻、亲身经历，进入具体的事件、场面中去，不能袖手旁观、闭目塞听。置身其中，并不是忘乎所以，而是处于情理之中，设身处地主要是获得现场感，产生"我就在"的感觉。

第三步，触景生情。

当某种生活图景在脑海里浮现时，我们一定要做出积极的反应，稿件是写情于景的，我们就要触景生情。触景生情是情景再现的核心，播音中特别强调积极的反应，在毫无准备的情况下，一个具体的"景"的刺激，马上引起我们具体的"情"，而又完全符合稿件的要求。

第四步，现身说法。

既然稿件中的情景始终"我就在"，那么，把这情景再现的过程转述出来，正是播音员始而有意，继而实现的责任。播音员头脑中再现了稿件中的情景，经过自己的消化吸收，加工制作，使受众产生某种情景的再现，从中受到感染，才算完成了自己的任务。

三、情景再现练习

（1）宽阔的天安门广场沐浴在灿烂的阳光中，显得分外雄伟庄严。

（2）啊！祖国明媚的春天，滋润着我的心田。春光洒遍了人间，春色布满了河山。

（3）小草偷偷地从土里钻出来，嫩嫩的，绿绿的。园子里，田野里，瞧去，一大片一大片满是的。坐着，躺着，打两个滚，踢几脚球，赛几趟跑，捉几回迷藏，风轻悄悄的，草软绵绵的。

（4）正在这时，大雨点噼里啪啦地打下来。

（5）人们在倾听、倾听、倾听着震撼世界的声音：中华人民共和国成立了！中国人民从此站起来了！

（6）霎时间，海上涌起滔天巨浪，无数海燕，冲天起舞。

（7）天热得发了狂，太阳一出来，地上已经像下了火。院子里一点儿风也没有，闷得人透不过气来；柳树也像得了病，叶子在枝上打着卷儿；马路上干巴巴地发着白光，烫着人的脚；真是处处干燥，处处烫手，处处闷得人喘不过气来。

（8）别嚷，快看呐！太阳露出头顶了，太阳露出眉毛和眼睛了，太阳跳出来了，太阳离开了大地，升起来了！升起来了！

典型工作任务2 捕捉对象感

 任务导入

我们一般是在话筒前、镜头前进行创作，面前没有受众，我们看不到宣传对象，正因为这样特殊的工作环境，使我们的"交流"（指与听众、观众的交流）产生障碍。

看不到受众就不去管宣传对象，显然不行。要解决这一问题，就要引入对象感。

面对话筒或摄像机镜头，播音主持除了要正确掌握和运用备稿方法，还要根据不同题材、不同内容的稿件，找到对象感，与听众进行交流。有对象感的播音员，通常自主意识较强，善于与听众沟通，能够把握好自己的情绪，较好地展现节目的宗旨和意图。而没有对象感或话筒、镜头意识较差的播音员，顾不上跟观众交流，久而久之，受众会逐渐失去对节目的信任度和忠诚度。

 知识准备

一、对象感的定义

听众、观众是我们的播讲对象，播音员和在播音中必须在"目中无人"的条件下，努力做到"心中有人"，也就是要对听众观众进行具体设想，从感觉上把握听众观众的存在，时时与播讲对象有思想感情的交流、呼应，这就是对象感。对象感就是播音员必须设想和感觉到对象的存在和对象的反应，必须从感觉上意识到受众的心理、要求、愿望、情绪等，并由此调动自己的思想感情，使之处于运动状态。

对象感是激发播讲愿望的需要，我们播讲的内容正是听众、观众所非常关心、急于知道的。一想到他们在听、看，就产生"一吐为快"的热情。"讲话要看对象"，一方特别想听，另一方才会讲得津津有味。获得对象感主要在于"感"，这种"感"就是播音员和的自我感觉，要做到与听众观众、观众"交流"起来，就要从自我感觉上时时处处感受到听众、观众的存在和反应，并从语气上与听众、观众的这些反应相呼应，这样才能与听众、观众"交流"起来。

二、对象感的作用

（1）影响播讲愿望。播讲愿望，从根本上说，是转告人、说服人、回答人、批驳人、打动人、启发人的一种愿望。

（2）影响思想感情的运动状态。对象感可以使创作者的思想感情更加强烈、更加充沛、更加具体，自始至终处于积极的运动状态。

（3）影响播音的亲切感。心中无对象，没有交流呼应，就很难亲切起来。

（4）影响表达方式。同一内容，对不同的传播对象，应该采用不同的表达方式，这样才会产生好的传播效果。

三、获得对象感的方法

对象感对于激发播讲愿望具有重要的作用。如何在话筒和镜头前获得对象感？要时时处处感到受众的存在和反应，并从语气上与受众的反应相呼应。首先，明确具体的对象感，从量和质两方面考虑。所谓量的方面，是指受众的性别、年龄、职业、人数等。所谓质的方面，是指环境、气氛、受众的心理、素养等。可具体设想：这样的稿件、栏目、内容、形式，应该给什么人听？哪些人最需要听？听了以后他们会有什么反应？可以把面对的话筒和镜头想象成一位朋友，就像看到朋友正在听自己诉说一样。这样，当你的形象出现在屏幕上时，正好迎上观众的目光，就产生了视觉上的对象感。这种想象中的对象感越具体、越明确越好。其次是要感受受众的存在和反应，构成"交流"。最后，努力熟知，了解对象。

四、对象感的应用技巧

（1）对象感要贯穿始终，可以时隐时现，但不能时有时无；
（2）在同一篇稿件中，对象感要稳定；
（3）要与受众建立正确的关系，以诚相待；
（4）声音的运用要依据稿件调整，不要一成不变。

典型工作任务 3　挖掘内在语

 任务导入

在日常生活中，内在语就时常存在。由于性别、言语习惯的原因或限于说话的场合、环境，以及说话双方的身份、地位，或出于得体、礼貌和策略的需要，人们经常会把话说得含蓄、委婉些。播音创作中也常常有这样的情况。有些稿件初看觉得稀松平常，但深入挖掘后才发现味道很浓。

这些日常生活中的"话中有话"，播音中的"弦外之音"，就是内在语。在朗诵、戏剧表演艺术中，也叫作"潜台词""潜语"。

 知识准备

一、什么是内在语

播音创作所依据的文字稿件常常是"言有尽而意无穷"，作者不可能也不必要把稿件包含的具体内容和思想感情全部写成文字，但在播音创作时，我们必须由表及里，在有尽之言中挖掘无尽之意、无尽之美，这是播音创作的要求。弦外之音就是我们所说的内在语，是指那些在播音语言中不便表露、不能表露，或没有完全显露出的语句关系和语言本质。内在语是帮助播音员、主持人把稿件变成自己想要说的话，使思想感情运动起来的内部技巧之一，对播音表达的直接引发和深化含义有极为重要的意义。

首先，内在语是承续语言链条的节点。在语言链条逻辑关系不明显之处，或是在衔接转换的关联词省却之处，内在语可以打破语言本身的符号性和概括性所带来的局限，帮助播音员、主持人明确句子或小层次之间隐含的关联，弄清语句之间的关系，使表达更准确，更具说服力。

其次，内在语是语句目的的集中体现。同一句话，语境不同，语句目的就不同，而内在语有助于在各种语境下准确把握这一句话的不同态度倾向和感情色彩，生动揭示出目的。进一步说，内在语是确定播音表达语气的依据。同一句话，内在语不同，表达的语气（包括内在的思想感情和外在的具体声音形式两方面）就会不同。

再次，内在语是播音创作性和播音员创作个性的一个重要标志，因为它融入了播音员、主持人独特的具体感受。

最后，内在语还是新闻播音真实性的重要保证。因为播报新闻时，字音准确无误不等于就做到了真实准确，通过对内在语的准确把握可以保证态度、情感的正确倾向。

二、内在语的作用

内在语的作用概括起来有两大方面：揭示语句本质和揭示语言链条。

1. 揭示语句本质

语句本质是指句子在具体的语言环境中深层的内在含义和态度情感。

理解语句的思想内容可以做两方面分析：一是脱离语言环境来确定语句的基本意义，它只是句子的表层意义；一是结合语言环境来确定句子本来要表达的思想和实际意义，这就是句子深层的内在含义和态度情感，即语句本质。但语句的表层意义并非无足轻重，我们要结合上下文的语境来分析，从较宽泛的表层意义来锁定语句本质。也就是说，应该参照语句表层意义的线索来揭示语句本质，而揭示语句本质落实到表达上则表现为贴切的语调。

2. 揭示语言链条

语言链条实际是指语句间的逻辑关系。揭示语言链条就是搞清句与句、段与段、层次与层次是如何衔接成一个有机整体的。特别是在文稿中那些文气不太贯通的地方，在段落层次需要做明显转换而又不好衔接的地方，或需要赋予语言以动作感、形象感的地方，或在需要唤起受众注意、引发他们思考的地方，都可运用内在语来衔接、过渡、铺垫或转换，以帮助找到自然贴切的语气，形成一气呵成、浑然一体的效果。

三、内在语的分类

根据内在语的性质和作用的不同,我们把它分为六种基本类型:

1. 发语性内在语

发语性内在语,就是在呼台号之前,在节目、稿件、层次、段落、语句之间加上适当的词语作为开头,并与稿件原来开头的词语自然地衔接后带发出来。例如,在呼台号之前加发语性内在语:"(各位听众,我们这里是)中央人民广播电台!"

当节目稿件的开头写得比较突兀呆板,我们在前面加一个称呼语,问候语或一个疑问短语来带发,就较容易找到自然的语气,进入状态。使语句的指向性更强。

2. 寓意性内在语

寓意性内在语是稿件文字的弦外之音,是隐含在语句深层的内在含义,是结合上下文语言环境挖掘出来的语句本质和语句目的。特别是那些在意向色彩或程度分寸上,与文字表面并非截然对立而差别细微的语句本质。寓意性内在语对语言环境依赖性更强,离开了语言环境,就难以抓住这弦外之音、言外之意。

把握寓意性内在语,除了参照上下文语言环境之外,还应注意结合作者的写作风格、语言习惯、文章的主题、目的、时代背景、人物的性格、身份、心理、语言特点及所处环境和人物之间的关系去分析。除了结合上下文语境,从语法的角度去进行分析,也是把握寓意性内在语的一个有效方法。

3. 关联性内在语

关联性内在语是指那些没有用文字表示出来的语句关系,具体地说,就是那些体现语句逻辑关系和语法意义的隐含性关联词和短语。挖掘语句间隐含性的关联词或短语,可以使语句关系呈现得更加明晰。

关联性内在语一般用在语句、段落、层次之间或之前。关联性内在语是使播音的链条向播出目的定向推进的路标,是播音员、主持人表达起承转合的重要依据,是语句富于内在逻辑力量的关键所在。

4. 提示性内在语

提示性内在语用于语句段落层次之间,也是为了解决语气衔接的问题,但与关联性内在语有所不同。它不是以关联词短语的形式出现,而且内容上也更丰富多彩。如果说关联性内在语重在使语句逻辑关系更加严密,那么提示性内在语则更注重使语气表达更加灵动。

具体而言,提示性内在语的作用包括以下几种:

(1)设问呼应。
(2)提醒关键。
(3)表现情态。

（4）展示过程。
（5）感叹强调。

5. 回味性内在语

回味性内在语包括以下几种类型：
（1）寓意式回味性内在语。
（2）反问式回味性内在语。
（3）意境回味性内在语。
（4）线索式回味性内在语。

6. 反语性内在语

反语性内在语直接体现了表层意义与深层内在含义的对立关系或对比关系，主要分为以下几类：
（1）对立型反语内在语
（2）反问型反语内在语。
（3）双关型反语内在语。
（4）非对立型反语内在语。

总之，播目的，就是全篇稿件的内在语，它落实在语句主次关系上，体现在语气中；具体态度，就是不同语句的内在语，它的判断和评价要通过不同的分寸来表现；承前启后，就是语言层次转换的内在语，它通过语句的不同衔接（不论是否用关联词语）显示出来。

四、内在语的最优化

1. 内在语是对稿件理解和感受的集中概括

稿件中的语句，作为构成稿件整体的局部，是受宣传目的、主题思想和整体基调制约的。宣传目的、主题思想和整体基调一经确定，内在语就具有了相对的稳定性、确定性和排他性。语句内在语的最优化，是服从于稿件的宣传目的、主题思想和整体基调的，切忌就句论句地确定内在语。

2. 稿件的重点和难点上把握内在语

我们没有必要句句都找内在语，但对重点语句的本质含义应深入挖掘。所谓重点，是宣传目的和主题思想的落脚点，是全篇的关键所在。所谓难点，是指语句本质不好把握，文气不十分贯通，播起来又不好衔接的地方，似雾里看花、扑朔迷离之处。

3. 要注意语句本质的差异

有两种情况：一是要在搞清语句表层意义的基础上，根据语句目的和上下文语境挖掘语句的深层含义，并准确把握好分寸。因为有时语句表层意义与深层意义即使是同向同质，也会有程度、分量和分寸的细微差别。二是有些句子表层意义与深层含义异向，这时的内在语应该与句子的深层含义一致。不要被文字的表面意义迷惑。

4. 内在语要鲜明简洁有说服力

表述内在语的目的，是为了训练把握内在语的能力，使自己思想感情运动起来，而不是为了表述而表述。对内在语的把握应力求避免朦胧模糊，内在语的概括表述要精确可感，鲜明简洁，有说服力。

在话筒前播音不必字斟句酌地重现一遍内在语，只要由此一点唤起相应的体验即可。

 项目训练

高铁车站广播规范用语（适用范围含动车组列车和车站）
一、通告用语
【候车】
乘坐×次"和谐号"×次列车的旅客。欢迎您到本站（第×专用候车厅）候车。车站候车厅两侧（×处）设有饮水处和卫生间，您在候车时，请先检查一下自己的车票，要注意工作人员的提示和车站广播，按时检票进站乘车。特别是带老人或儿童出行的旅客，更要注意您乘坐的车次以及开车时间，避免误车，给您的旅行带来不便。
【车底出库】
工作人员请注意，×开往×去的高铁（动车、城际列车）×次列车已经出库，现在停靠在×站台×道，请工作人员做好检票准备。
【检票前5分钟】
车站工作人员请注意，×开往×去的高铁（动车、城际列车）×次列车，再过5分钟就要检票，请做好准备。
高铁（动车、城际列车）×次列车乘务员，你们好，旅客现在就要检票进站了，请您做好准备，打开车门，迎接旅客上车。
【入闸机检票】
×开往×去的高铁（动车、城际列车）×次列车就要检票进站了，有乘坐高铁（动车、城际列车）×次列车的旅客，请您带好随身物品，到×候车区（室/厅）×检票口自行检票。检票时，持浅蓝色磁介质票的旅客，请右手正面朝上直接插入闸机后部的插票口，再从闸机上方出票口取回车票，此时，闸机通道中部的安全门将开启，请您抓紧时间迅速通过安全门。持红色普通纸质车票的旅客（和持站台票送亲友的人员）请走闸机侧面的人工检票口检票。已经检票的旅客，请从×站台上车（登乘下行电梯进站上车）。
【5型车门】
您乘坐的高铁（动车、城际列车）×次列车车门开启10秒无人通过时将会自动关闭，您可自行按动车门外部壁板上的绿色按钮开启车门。车门开启时，请注意脚下

的黄色伸缩踏板（站台补偿器），防止踏空摔伤。

【开车前10分钟】

由×开往×的高铁（动车、城际列车）×次列车还有10分钟就要开车了，有去往×方向的旅客，请您抓紧时间到×检票口自行检票进站上车，列车还有10分钟就要开车了。

【开车前5分钟】

开往×的高铁（动车、城际列车）×列车还有5分钟就要开车了，在站台上还没有上车的旅客请马上上车，列车很快就要开车了。

【送车词】

您乘坐的高铁（动车、城际列车）×次列车就要开车了，高铁（动车、城际列车）速度快，启动也快，送客人的朋友，请您站在距离站台边沿1米白色安全线以内，注意安全。高铁（动车、城际列车）X次列车现在开车，女士们，先生们，祝你们旅途愉快，一路平安，下次旅行再会。

【列车终到】

由×开往×的高铁（动车、城际列车）×次列车已经到达×车站，您旅途辛苦了。您下车时请不要慌忙，检查一下自己随身携带的物品是否齐全，不要遗忘在车上。您下车后，请在距离站台边沿1米白色安全线内行走，经由地道出站，行走时，请注意安全（本站是全封闭式电气化铁路，站场股道内均为带电作业，非常危险，为确保您的人身安全，请不要钻爬车底或跨越股道）。

【通过车】

由×开往×站的高铁（动车、城际列车）×次列车已经到达本站，旅客们请按照先下后上的顺序抓紧时间乘降，高铁（动车、城际列车）×次列车在本站只停×分钟，不下车的旅客请不要到站台上吸烟（购物），以免漏车或发生其他不安全因素，列车马上就要开车了。

【接客人站外等候】

接客人的朋友请注意，由×开往×（本站）的高铁（动车、城际列车）×次列车已经到达×车站，现在列车已经到站，进×站台，接客人的同志，请在出站口外耐心等候，注意安全。

【持站台票接客】

持站台票进站接客人的朋友，由×开往×（本站）的高铁（动车、城际列车）×次列车现在进站，列车进×站台，高铁（动车、城际列车）速度快，接客人的朋友请不要随着进站列车奔跑，要等列车停稳后再接近车厢，注意安全。

【持站台票送客后出站】

持站台票进站送客人的朋友，本站是全封闭式电气化铁路，站场股道内均为带电作业，非常危险，请您送完客人后在距离站台边沿1米白色安全线内行走，经过地道出站。切记不要钻爬车底或跨越股道，以免发生危险。

【雨、雪、雾天气警示】

由于下雨（雪），站台地面比较湿滑，您在行走时，请不要靠近站台边沿，一定要在站台边沿1米白色安全线内行走。老人和带小孩的旅客，更要注意湿滑的地面，在上下车梯和站台路面行走时，一定要小心慢走，注意安全。

【禁烟】

欢迎您到本站候车。感谢您选择高铁（动车、城际列车）×次列车旅行。为了您和他人的健康，为了候车室环境和×次安全行驶，铁路规定严禁在候车室、站台以及车厢内吸烟，希望您理解并合作。

【卫生宣传一】

保持良好的候车环境，除了工作人员随时清扫、整理之外，更需要大家的配合。废弃物请直接放入垃圾箱。随地吐痰是个不好的习惯，不但污染环境卫生，还会传播多种疾病，有痰请您吐到废纸里放入垃圾箱。一点一滴的帮助都是您对我们车站工作的支持。

【卫生宣传二】

多一份清洁，多一份舒适。请您不要乱扔废弃物，不要抽烟和随地吐痰。带小孩的旅客，请注意及时带小孩如厕。本站候车室禁止吸烟，请您给予协助。请不要在候车区域大声喧哗，以免影响他人候车。

【自动售票机】

如果售票的队伍较长，建议您可以使用设在×处的自动售票机。自动售票机操作简单方便，使用现金（和银行卡）支付。目前支持的现金种类包括5、10、20、50、100元的人民币。为方便自动售票机识别，请使用票面较新、平整的人民币。需要提醒您注意的是自动售票机采用的是磁介质车票，这种车票可以通过自动检票机和人工检票两种方式进站。而普通纸质车票只能通过人工检票才能进站。

【自动检票机一】

现在向您介绍自动检票机的使用方法，车票正面为浅蓝色、背面为黑色的磁介质车票可以使用自动检票机检票。通过自动检票机检票时，一人一票，右手持票，正面向上，单张插入，闸机检票后放行，请取票并迅速通过闸机，切勿退回和停留。携带大件行李的旅客请联系车站检票人员，经由侧面人工检票通道入内。带小孩的旅客，请按小孩在前、大人在后的顺序或大人抱着小孩通过闸机。

【自动检票机二】

自动检票机也叫闸机，专供磁介质车票的旅客进出站检票使用的。旅客持磁介质车票经检票闸机检票时，请注意和前后乘客持距离，需右手持票，将车票正面朝上对准插票口插入。符合检票条件时，显示屏会出现确认信号，灯亮，车票从出票口弹出，拔出车票后，闸机门即自动开启。请抓紧时间迅速通过，因为闸机门很短时间内就将关闭。闸机门一次只允许一位持票旅客及同行的免费儿童通过。一次插入两张及以上车票时，闸机不予确认。不符合检票条件的车票插入插票口时，显示屏即出现"不予确认"的内容，红灯亮，车票即从插票口退出。如出现无法通过的情况时，请勿强行通过，可向工作人员咨询。购买磁介质车票后，请勿折叠车票，以免磁性条码损坏后自动检票机无法读取数据。此外，请您务必保存好手中的磁介质车票，以便出站时通过自动检票机检票。

二、应急用语

【广播找人】

现在广播找人，乘坐高铁（动车、城际列车）×次列车去×的×旅客，听到广播后，请到×处，有人找您。

【站长晚点致歉】

我是×站站长，由×站开来（开往）我站的高铁（动车、城际列车）×次列车因故晚点，大约晚点×小时×分，初定到达本站的时间大约是×点×分。请您不要远离候车地点，注意车站的广播通告。因列车晚点给您造成不便，我代表铁路部门向您表示最诚挚的歉意。我们会随时通过广播向您通告晚点信息，敬请谅解。

【晚点未定】（始发车）

因×（暴雨、大雾、大雪、山体滑坡、泥石流等自然灾害，事故影响、设备故障等）原因，开往×去的高铁（动车、城际列车）×次列车在本站不能按原发车时间开出，目前开车时间暂时还没有确定，请旅客们不要离开候车地点，注意车站广播通知。由于晚点，耽误了您的时间，铁路部门向您表示最诚挚的歉意，感谢您的理解与配合。

【临时变线】

接客人的朋友请注意，由×站开来（往）我站的高铁（动车、城际列车）×次列车因故临时变更进第×站台，请到第×站台接×次列车，谢谢合作。

【×次故障等待备用车】

高铁（动车、城际列车）×次列车因设备发生故障，经技术人员鉴定不能继续运行，需要换乘备用车底，请旅客们收拾好行李物品，在座位上等候，待备用车底到达本站时，我们会及时通知大家转乘备用车底。转乘时您可以按原有席别乘坐，若发现没有您的座席时，可持票找列车乘务员重新安排，如果在安排过程中座席有变化，希望给予配合。如果您是一等座席而被安排为二等座席时，到站后可以办理退还票价差额手续。如果是二等座席而因铁路责任安排为一等座席时，无需要补差价。此外，不愿意继续乘车要求退票的旅客，您可以到本站售票处办理退票手续。如果您想改乘其他列车，也可到售票处办理改签手续。由此给您带来的不便，我们深表歉意！

【×次故障旅客转备用车】

高铁（动车、城际列车）×次列车因设备发生故障，临时启用备用车，有持×次车票的旅客，请您按照列车工作人员的指引，在本站持原票乘坐备用车。席位替换产生的差价部分，到站后可办理退票手续。如果您想改乘其他列车，可到我站售票处办理改签手续。如不愿意继续旅行，也可到本站售票处办理退票手续。需要继续旅行的旅客，请带好您的物品，跟随工作人员到站台对面（经由地道、天桥转至×站台）乘车，在转车时，请照顾好一起出行的老人和儿童，由此给您带来的不便，我们深表歉意！

【火情】

车站×处出现火情，为了确保旅客生命安全，请第X候车区的旅客在工作人员的引导下，按顺序撤离，撤离时请注意照顾好身边的老人和儿童。火车站是个人员密集的地方，候车区域人员多，撤离时请旅客们听从工作人员指挥，不要拥挤，不要慌乱，只要我们同心同德，一定能够战胜火情。

【灾难紧急疏散】

刚才由于突发×（地震、山洪等）灾难，直接影响到火车站区域，给我们每一位出行的旅客带来困难。为了安全，我们拟组织旅客迅速脱离险境，请旅客们不要惊慌，服从工作人员指挥，按顺序撤离。现在请×候车室的旅客排队从进站通道按顺序撤离现场，请×候车室的旅客排队从天桥（消防）通道撤离现场。在撤离时，大家要注意照顾好身边的老人和儿童，不要拥挤，不要慌忙，只要我们齐心协力，团结一致，一定会战胜灾难脱离险境。

【疫情提示】

欢迎您来我站候车，为了您和他人的健康，铁路部门提醒您，如有发热、流涕、咳嗽等感冒症状，请及时与车站工作人员联系。

【疫情疏散】

现在紧急通知，车站×候车室（×处）有位发热病人（×病），车站对发热病人和密切接触者要立即实施隔离措施，决定即刻封闭×候车室（×区域）。为避免增加病毒传播机会，其他候车区域的旅客，请在原处停留，不要走动，在这样特殊的情况下给予配合，谢谢合作！

项目七　播音表达外部技巧训练

 学习目标

1. 知识目标
（1）了解停连、重音的定义和分类。
（2）了解节奏的类型和语气的定义。
2. 能力目标
（1）掌握停连和重音的表达方式。
（2）掌握节奏运用的方法和语气运用的方法。
3. 素质目标
（1）使学生的逻辑思维能力增强。
（2）感情色彩更加明显。

重音、停连、语气、节奏，是有声语言表达的外部技巧。播音员的再创造劳动，最终体现在把文字稿件转化为有声语言上。把文字这种视觉形态转化为声音这种听觉形态，在这个再创造的过程中，需要有对文字形态的稿件的认识，还需要有将其转化为有声语言这种听觉形式的构思和传达，而有声语言的表达技巧为这构思和传达提供了重要的、必不可少的方法，即停连、重音、语气、节奏四大外部技巧。

典型工作任务 1　停连的节律

 任务引入

停连，就是指停顿和连接，在播音主持艺术创作当中，在有声语言的语流中，那些为表情达意所做的声音的中断和休止就是停顿；那些声音不中断、不休止，特别是文字稿件上的标点符号处，在播音中不需要中断、休止，这就是连接。停连的作用表现在许多方面：有的组织区分，使语意明晰；有的造成转折呼应，使逻辑严密；有的可以强调重点，使目的鲜明；有的并列分合，使内容完整；有的体现思考判断，使传情更加生动；有的令人回味想象，创造意境，它经常和其他技巧一起共同服务于表达。

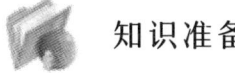 知识准备

一、停连的概念

（一）停连的定义

停连是指播音中声音的停歇和连接。从广义上说，"停"包括读者生理上需要的停气和表达内容感情需要的停歇。我们讲的"停"指后者，是音节之间语音的中断造成的。"连"是指语势连接紧密或音节尾音音长增加而形成的拖腔，通过段落、标点来表达语句之的结构关系和文章内容。停连就是有声语言的标点符号，播音者用停歇时间的长短、连接的紧密来表现结构关系，区分语义，表达感情。播音时，如果停连不当就会破坏句子的结构，这就叫读破句。

（二）停连的原因

停连是同有声语言同时存在的。首先它是一种生理需要，更重要的一点，停连更多的是一种心理上的需要。思想感情的运动需要在哪里停顿就在哪里停顿，需要停顿多长时间就停顿多长时间，需要在哪里连接就要在哪里连接，这样才能发挥有声语言运用停连表达思想感情的组织、区分、转折、呼应、回味、想象等作用，达到吸引人、感人的目的。所以，在有声语言表达的过程当中，停顿应该是积极的、主动的，以自如地服从思想感情运动的需要。因此，在停连的运用上，生理需要必须服从心理需要，不可因停害意、因停断情。停顿是思想感情运动状态的继续和延伸，而不是思想感情的终止、中断和空白。

二、停连的作用

（一）停连是播音者调节气息的需要和结果

例如："中共中央政治局常委、国务院副总理、中国环境与发展国际合作委员会主席韩正2日在北京出席国合会2018年年会开幕式并讲话。"

（二）停连是准确、鲜明、生动的表达语言内容的需要，可以起到显示语句脉络的作用

例如："这些石刻的狮子有的母子相抱；有的交头接耳；有的像倾听水声，千态万状，惟妙惟肖。"

（三）停连起强调、突出重点的作用

例如："盼望着、盼望着，东风来了，春天的脚步近了。"

例如:"俱往矣,数风流人物,还看今朝!"

（四）恰当的停连还可以控制语速，调整语句节奏，造成抑扬顿挫的旋律美感

例如:"'棉衣,棉衣呢？为什么没发给他棉衣？'军长两眼发红。'军需处长呢？'警卫员在发愣。'给我找军需处长。'还是没有人应声。'快,给我找军需处长！'警卫员'哇'的一声哭了出来:'报告军长,他就是刚任命的军需处长……'"

三、停连的表达方式

（一）落　停

这种方式一般用在一个完整的意思讲完之后。它的特点是停顿的时间较长；停止时声止气尽（是指声音停止的时候，感觉气息也正好用完）；句尾声音顺势而落，停住。例如：

可是，没等青年人把满腹的有关人生和事业的疑难问题向班杰明讲出来，班杰明就非常客气地说道："干杯。∕你可以走了。"

（二）扬　停

这种方式一般用在句中无标点符号之处，或一个意思还没有说完而中间又需要停顿的地方，它的特点是停顿时间较短；停时声停气未尽（有时甚至虽停却不换气）；停之前的声音稍上扬或者平拉开。例如：

青年人手持酒杯∕一下子愣住了，既尴尬∕又非常遗憾地说："可是，∕我……我还没向您请教呢……"

（三）直　连

一般用于有标点符号而内容连接也较紧密的地方，它是紧密相连。它的特点是：顺势连带，不露接点。例如：

揪着草，攀着乱石，小心探身下去，又鞠躬过了一个石穹门，便到了汪汪一碧的潭边了。

后两个分句之间需要采取直连方式来连接。

（四）曲　连

一般用于标点符号两边既需要连接又需要有所区分的地方，特别是一连串的顿号之间，或者是排比句式一类的连接点。它的特点是连环相接，连而不断，悠荡向前。例如：

与其说它是一种情绪，不如说它是一种智慧，一种超拔、一种悲天悯人的宽容和理解。

此句中的顿号需要曲连。

停连的方式绝不仅此四种，但不管使用哪种，我们都要根据具体语言环境中具体语句的情况而定，运用时必须遵从一个总的原则，那就是按文意，合文气，顺文势。

四、停连的原则

（一）标点符号是参考

标点符号只显示了文字语言的停连关系，如句与句之间的句号、问号、感叹号等，段落之间有另起一行为标志等。停顿和连接才是有声语言的"标点符号"。我们要掌握有声语言的标点符号——停连。

（二）语法关系是基础

我们对文字稿件的理解感受及对有声语言的表达，必须也只有通过符合语法规范的词句才能变成现实。也就是说，稿件的语句、词组或词，离开语法是不可能的，它是我们进行有声语言创作的基础。

（三）情感表达是根本

文字稿件的内容、结构、语言等是传情达意的过程，是思想感情的综合表露。究竟在哪里停连，还是要根据稿件内容和情感表达，联系稿件的上下文来决定。

五、停连的分类

（一）区分性停连

区分性停连是书面文字转化为有声语言时对一个个汉字进行再创造的组合、贯通的技巧，它所包括的内容比较多，也比较灵活。稿件中词或短语之间、句与句、层与层、部分与部分之间都有区分性停连。例如：

锅里再放醋、白糖炒成汁，再放少许淀粉，汁炒稠以后，放凉了才能用。

（二）呼应性停连

有声语言的行进，在停连上有前呼后应的性质。播读中运用呼应性停连必须解决哪个词是呼，哪个词是应，二者如何呼应等问题。"呼"和"应"是一种内在联系的表现，在作品中，在语句中，有呼无应，显得不完整；有应无呼，显得没头脑。总之，有呼无应和有应无呼都会造成语言序列的紊乱，给人以"前言不搭后语"之感。运用呼应性内在联系的停连也有某种区分作用，但主要是凸现呼应关系。例如：

我们必须强调学习马克思主义理论的极端重要性。
我们必须强调马克思主义是放之四海而皆准的真理。

（三）并列式停连

并列性停连，是指在稿件中属于同等位置、同等关系、同等样式的词语之间的停顿及各成分内部的连接。凡属各并列关系之间的停顿，要求位置类似，时间近似，以显示并列关系，而它们各自内部的连接较紧，有时有些小停顿，时间也不可长。例如：

白荷花在这些大圆盘之间冒出来。有的才展开两三片花瓣。有的花瓣儿全部展开了，露出嫩黄色的小莲蓬。有的还是花骨朵，看起来饱胀得马上要破裂似的。

（四）分合式停连

在并列关系之前，往往有领属性词语；在并列关系之后，往往有总括性词语。在领属性词语之后或总括性词语之前，都有较长时间的停顿，比并列关系之间的停顿要长。这样就形成了合—分—合的分合关系。分合性停连包括先分后合、先合后分两种情况。先合后分再合是这两种情况的联合。我们把握了分合关系，对于运用区分、并列、呼应等停连也更有利。例如：

五位战士屹立在狼牙山顶峰，眺望着人民群众和部队主力远去的方向。

（五）强调性停连

在句子之间、词组或词之间，为了强调某个句子、词组或词，就在前边或后边，以至前后同时进行停顿，使所强调的词句凸现出来，其他不强调的词句中，有停顿处也相对缩短一些时间，这就是强调性停连。例如：

自古被称作天堑的长江，被我们征服了。

（六）判断式停连

既然是判断性停连就应该有思维过程，在思维过程中的感受就应该明显。比如说，此事物是什么样？表达中应怎样体现？这就需要运用判断性停连。因此，在稿件中有判断过程表现的时候，就应在判断、思索的地方进行判断性停连，以表达出此时的思维过程。停顿不是思想感情的空白，不仅是说在播讲中已经"明其意"，而且要表现出正在"成于思"，即有思维过程。为了表现思索、判断的过程，便可以运用判断性停连的方法。例如：

大家就随着女教师的手指，齐声轻巧地念起来："我们——是——中国人；我们——爱——我们的——祖国。"

（七）转换式停连

在稿件内容发展和展开的情况下，有声语言必须随波婉转。由一个意思变成另一个意思，一种感情变成另一种感情，这中间应该有相应的停顿，显示转换的关节。为了表现语意、文势、感情，就要运用转换性停连。这种停连在稿件中运用的也较多。层与层、段与段、句与句之间都有这样的停连。例如：

前面有两条路：一条通往主力转移方向，走这条路可以很快追上连队，可是敌人跟在身后，容易暴露人民群众和连队主力；另一条是通向三面悬崖的莲花瓣、棋盘陀顶峰。走哪一条呢？为了保护人民群众和连队主力，班长斩钉截铁地说了一声"走！"，带头向莲花瓣走去。

（八）生理性停连

在某些稿件中，由于人物生理上的异态，会产生语流不畅、断断续续的情况，这就要学会运用生理性停连。这些生理变化形式的停连，在播讲中只需给予必要的、象征性的表现，而不强调夸张的呼气和吸气声音。运用这种停连也需要有播音员的感情色彩做陪衬，重要的是语句的内容是什么，说话的情态是什么样，至于怎么说的，要点到为止。所谓点到为止，就是抓住一两处富有特征的词或词组稍加停顿，能给听者造成有某种生理变化的感觉就可以了，不必自始至终、字字句句地模拟那种声音形态、气息状态。例如：

这时候，他用力把我往上一顶，一下子把我甩在一边，大声说："快离开我，咱们两个不能都牺牲！……要……要记住革命！"

（九）回味性停连

有的词、句、段播完之后需要给受众留有想象、回味的时间，这样的停顿就是回味性停顿。回味性停连，关键在于"回味"。这种回味性是因为播讲者的具体的思想感情的运动延续下去的结果，是受众从有声语言中有了具体感受之后的心理反应。一般在稿件中有需要展开想象发人深思的地方运用。运用这种停连，停的时候时间要给足，在强调的词后边停顿才叫"回味"。例如：

有一次，我从飞机的舷窗俯瞰珠江三角洲，在明净的苍穹下，纵观秀丽的景色，啊，真美啊！水网和湖泊熠熠发光，大地竟像是一幅碧绿的天鹅绒，公路好似刀切一样的笔直，一丘丘田又好似棋盘般整齐。

（十）灵活性停连

有声语言应该生动吸引人，任何停顿和连接都不是呆板的、生硬的，无论在停连的位置上还是时间上，都没有万能的公式。再加上每个人的文化修养不同，声音条件不同，表达方法就不可能完全一样，多种技巧之间又是相互渗透、相互交叉的，因此，不一定非要一是一、二是二地分清这里用什么停连，那里用什么停连，非要在这里停或那里停等。在语意清晰、语言链条完整、思想感情运动状态活跃的基础上，或移动停顿位置，或延缓、缩短停顿的时间，或增多、减少连接，由于改变了某些固定的处理，便会给人以新鲜活泼的感觉。特别是在急稿的播讲中，不可能把每个停顿都安排得妥帖。而语言艺术的生命力在于"变化"二字，我们应该在停连处理上保持较大的灵活性。

典型工作任务 2　重音的变化

 任务引入

在播音创作中，我们所说的重音，是就语句而言的，词和词组内部的轻读、重读叫轻、重音格式，段和全篇的重要句子或层次叫重点。语句重音，是指那些最能体现语句目的，在播音中需要着意强调的词或词组。它解决的是播音创作中语句内部各词或词组之间的主次关系问题。在有声语的表达中，"重音"这种技巧的作用是很大的，它可以使语句的目的更突出，使逻辑关系更严密，使感情色彩更鲜明。

 知识准备

重音是指那些在表情达意上起重要作用、在播音过程中要特别强调的字、词或短语。重音是通过声音的强调来突出意义的，它能给色彩鲜明、形象生动的词增加分量。重音又可分为词重音和语句重音两种情况，词重音在语流音变章节已有讲解，在播音部分我们重点分析语句重音。

一、语句重音的选择标准

（1）突出语词目的的中心词。
（2）体现逻辑关系的对应词。
（3）点燃感情关系的关键词。

二、语句重音的分类

（一）语法重音

根据语句的结构关系，某些句子成分往往需要读得略重一些，这就是语法重音，一般而言，语法重音不带特别强调的色彩，不表示特殊的意义，只是一种固定的结构规律在语音上的表现，语法重音的位置比较固定，常见的规律是：

（1）主谓短语构成的短句里，谓语要重读。例如：

山朗润起来了，水涨起来了，太阳的脸红起来了。

（2）偏正短语中的修饰语要重读，包括定语和状语。例如：

大雪整整下了一夜
王友惊疑地接过糖果。
它是最贵的一棵树。

（3）动宾短语中，宾语往往要重读。例如：

我爱月夜，但我也爱星天。
谈文学、谈哲学、谈人生道理。

（4）动补短语中，补语往往要重读。例如：

树叶也绿得发亮，小草也青得逼你的眼。

（5）疑问代词、指示代词和活用的代词（任指、虚指、不定指）要重读。例如：

谁能把花生的好处说出来？
这使我能够继续战斗到胜利那一天。

如果一句话里成分较多，重读也就不止一处，往往优先重读定语、状语、补语等连带成分。此外，数量结构、拟声词也要重读。值得注意的是，语法重音的强度并不十分强，只是和同语句的其他部分比起来读得稍重一些罢了。

（二）强调重音

又叫感情重音。强调重音不受语法制约，它是根据语句所要表达的重点决定的，它受朗读者的意思制约，在句子中的位置是不固定的。强调重音的作用在于揭示语言的内在含义，由于表达目的的不同，强调重音就会落在不同的词语上，所揭示的含义也就不相同，表达的效果也不一样。同一句话，强调重音不同，表达的意思往往也不同。例如：

"我去过上海"替换成以下几句：
我知道你会这样做的。（别人不知道）
我知道你会这样做的。（不要以为我不知道）

我知道你会这样做的。(别人不会)

我知道你会这样做的。(你怎么说自己不会)

我知道你会这样做的。(你不会那样)

我知道你会这样做的。(不仅仅是说说而已)

强调重音与语法重音的区别如下：

（1）从音量上看，语法重音给人的感觉只是一般的轻重有所区别，而强调重音则给人鲜明突出的印象。强调重音的音量大于语法重音的音量。

（2）从出现的位置看，强调重音可能与语法重音重叠，这时语法重音服从于强调重音，只要把音量再加强一些就行了。有时两种重音出现在不同的位置上，此时强调重音的音量要盖过语法重音的音量。

（3）从确定重音的难易程度上看，语法重音较容易找到，在一句话的范围内，根据语法结构的特点就可以确定，而强调重音的确定却与说话者对作品的钻研程度、理解程度紧密相连。

三、重音的表达方式

学会了选择重音，不一定就能恰当地表达出语句的思想感情，表达重音的方式不当，会影响播音表情达意的准确性。重音主要是由音强决定的，音长、音高也起到一定的作用，但重音的表达方式不仅仅是重读。这里的"重"是"突出、明显，重要"的意思，除加大音强、增加音量、延长音长外，还有减小音量、扩大音域、增加或缩短音长、前后稍做停顿、利用虚声、气声等方式。不论哪种方式，目的都是为了在语流中通过对比反衬，突出表意的重点，引起听众的注意。

（1）重读就是增加发音的力度，形成强有力的声音，通常用于表达饱满，高涨的情绪。例如：

"好啦，谢天谢地！"我高兴地说，"马上就到过夜的地方啦！"

（2）轻读即对重点词语进行弱化、轻化，音量缩小，语气柔弱，非重点词语反而响亮明朗。例如：

海水轻轻地抚摸着细软的沙滩，发出温柔的刷刷声。

（3）长读即用拖长的语调为语句赋予饱满的感情。例如：

是的，智力可以受损，但爱永远不会。

（4）变读即运用颤音和沙哑声等读法来表达特殊感情。例如：

小弟弟一生下来不哭也不动，也追随母亲去了。

（5）顿读即在要强调的字、词之前或之后做必要的顿歇，使感情能充分表达出来。例如：

更喜岷山千里雪，三军过后尽开颜。

典型工作任务 3 节奏的把握

 **任务引入**

生活中充满节奏。节奏在艺术中更有其特殊的作用，它是使美的内容得以表现出来的一种外在形式。艺术中的节奏更为鲜明，更为完善，更符合人的审美心理。播音创作也有着显著的艺术属性，理所当然，节奏也应成为播音的重要表达技巧。

 知识准备

一、节奏的概念

节奏是有声语言运动的一种形式。节奏概念的实质，概括起来有以下三点：

（1）节奏是主观和客观的统一，也是生理和心理的统一。

（2）节奏的变化由各种不同要素的对比组合来显现。

节奏的要素中包含着速度，但绝不仅仅是指声音的时值关系。《辞海》中相关词条指出："音响运动的轻重缓急形式形成节奏"，"其中各音的时值和强弱的不同形成节奏"。这里的声音节奏包括轻重强弱、缓急时值。《乐记》中说："节奏，谓或作或止，作则奏之，止则节之。"意思是说，断连顿挫是形成节奏的要素。郭沫若在论到诗的节奏时指出："或者先抑而后扬，或者先扬而后抑，或者抑扬相间，这表现出来变成了诗的节奏。"郭沫若所说的"扬抑"，显然不是声音的时值关系所能包容的，它们更多地反映着声音的"力"的关系。我们若对声音的节奏要素做个抽象的概括，可以看出，其可比成分的变化运动主要反映在两个方面，即"时间的节奏"和"力的节奏"。

（3）节奏是交替出现的有一定规律的有序运动。

朱光潜先生在谈到声音的节奏时指出："有段落才可以有起伏，有起伏才可以见节奏。""音波始终单调一律，无节奏。轻重相间见节奏。"这说明声音的节奏，是指声音各种有规律、有秩序的运动。

二、播音节奏概念

在播音中，节奏应该是由全篇稿件生发出来的、播音员思想感情的波澜起伏所造成的抑扬顿挫、轻重缓急的声音形式的回环往复。我们可以从四个方面去认识。

（一）播音节奏是以思想感情运动为依据的声音运动形式

正像我们在谈论广义节奏概念时所强调的，播音节奏也是主观与客观的统一、生理和心理的统一。换句简单的话说，声音运动的节奏是有内心依据的。"无稿"播音时，现实事物、新闻事件的刺激，引起播音主体思想和情感的运动，并以不同节奏的有声语言运动形式表现出来。有现成文稿的播音，播音主体思想感情的运动变化源于稿件，故言播音节奏"由全篇稿件生发"。此时，稿件便是播音主体把握节奏的主要客观依据。播音主体能动地接受稿件刺激，使自己的思想感情处于积极的运动状态，产生生理节奏的适度变化，唤起心理节奏的相应变化。情真意切，才会有"思想感情的波澜起伏"。而这"波澜起伏"的体验越是精确，它们从口头上表达出来时就越需要节奏这种表现形式来体现。

（二）播音节奏的外部形式表现为有声语言流的抑扬顿挫、轻重缓急

播音节奏是一种外部形式，是由有声语言这一物质材料中各种可比成分的对比组合构成的。有声语言中声音高低、强弱、快慢、断连等方面是组成播音节奏的基本要素。它们的承续、主次、分合、对比等多层次、多侧面的立体变化，形成有序的律动，形成了播音节奏的存在形式。

（三）播音节奏是具有一定特点的声音形式的回环往复

节奏是要素有秩序的律动，"回环往复"是节奏的核心，其声音形式的丰富性和相似性是"回环往复"的必要条件。没有两个以上具有相似特点的声音形式的呼应、反复，是无节奏可言的。所谓有相似特点的声音形式，是指重点语句、段落相似的基本语气，以及相似的语势转换形式。

总之，相似的基本语气、相似的转换形式，形成了一篇播音作品主导节奏回环往复的态势，从而使节奏鲜明地显现出来。

（四）播音节奏的整体性

节奏由"全篇稿件生发"，它立足于全篇，由播出目的和稿件主题统率，被基调所制约。一篇稿件的基本节奏具有相对稳定的鲜明个性，同时又富有变化性，寓变化于整齐中。另外，节奏的整体性还要求节奏布局的相关性，以及节奏发展的层次性。

三、节奏的作用

在播音中，节奏技巧的合理运用，能以整体效果上的动感表现强化所传达的感情，感染受众，引起共鸣。从不同角度看，节奏具有激发调节功能、强化表现功能和引导定向功能。

（一）激发调节功能

我们可以借由对外界节奏的体验调动感情，以一定的心理节奏触发语言表达节奏的成型。

（二）强化表现功能

播音节奏，是通过声音形式的组合变化来强化情感的。声音形成起伏、松紧、变化有致的回环往复，对比映衬，强化了感情，增强了播音作品的艺术感染力，有助于增强播音的鲜明性、严整性。

（三）引导定向功能

对于播音的传播对象，节奏在接受过程中有引导定向的功能。从受众的角度看，节奏的表现意义还在于它能异常有力地、直接地几乎从生理上感染受众，并上升为对节奏精神内涵的体验。播音的节奏能引导我们的判断，并引导我们的情绪朝着节奏给定的方向运动。

四、节奏的类型

节奏的类型，表现为有较多相似特点的声音形式。一般是从声音形式的强弱起伏、快慢等方面的变化来归类的。运用节奏时，一方面要掌握节奏的基本类型，另一方面也要注意节奏的丰富和变化。

我们从节奏声音形式及其精神内涵的特点，把节奏分为六种类型：轻快型、凝重型、低沉型、高亢型、舒缓型、紧张型。这六种分类，主要是从声音形式的速度、力度和亮度方面的特点来划分的。各节奏类型的具体特点只是轮廓上的大体相似，并没有刻板划一的模式。

1. 轻快型

多扬少抑，声轻不着力，语流中顿挫少，且顿挫时间短暂，语速较快，轻巧明丽，有一定的跳跃感。全篇重点语句的基本语气、基本转换，都比较轻快。朱自清的故文《春》、冯骥才的散文《珍珠鸟》就是典型的轻快型节奏。

2. 凝重型

多抑少扬，多重少轻，音强而着力，色彩多浓重，语势较平稳，顿挫较多，且时间较长，语速偏慢。重点语句的基本语气、基本转换都显得分量较重。景希珍的回忆录《在彭总身边》、王愿坚的小说《草地夜行》就是典型的凝重型节奏。

3. 低沉型

声音偏暗偏沉，语势多为落潮类，句尾落点多显沉重，语速较慢。重点语句的基本语气、基本转换多偏于沉缓。夏衍的报告文学《包身工》、史铁生的散文《秋天的怀念》就是典型的低沉型节奏。

4. 高亢型

声多明亮高昂，语势多为起潮类，峰峰紧连，扬而更扬，势不可遏，语速偏快。重点语句的基本语气、基本转换都带有积极的特点。袁鹰的散文《井冈翠竹》、高尔基的散文《海燕》是典型的高亢型节奏。

5. 舒缓型

声多轻松明朗，略高但不着力，语势有跌宕但多轻柔舒展，语速徐缓。重点语句的基本语气、基本转换都显得舒展徐缓。老舍的《济南的冬天》以及陈淼的《桂林山水》都是典型的舒缓型节奏。

6. 紧张型

声音多扬少抑，多重少轻，语速快，语气较急促，顿挫短暂，语言密度大。重点语句的基本语气、基本转换都较急促、紧张。闻一多的《最后一次的讲演》、外国文学作品《麻雀》都属于紧张型节奏。

五、节奏运用的方法

1. 欲扬先抑，欲抑先扬

"扬"一般指声音的趋势向上发展；"抑"一般指声音的趋势向低发展。如果重点要"扬"，"扬"前要"抑"；如果重点要"抑"，"抑"前要"扬"。扬、抑二者本身是相对比而言的，并没有什么绝对的标准。

2. 欲停先连，欲连先停

在播音中，连要连得顺畅，停要停得恰当。在连接时，要同时考虑停顿，在停顿中要注意连接。停连的运用不能生搬硬套，要依文意、合文气、顺文势。

3. 欲轻先重，欲重先轻

轻重相间，虚实相间，也是形成节奏的重要方法。语流推进过程中，由于色彩和分量的需要，在加重声音之前，要先弱化声音；在轻化声音之前，要先强化声音。

4. 欲快先慢，欲慢先快

快慢是节奏的一个重要方面。"慢"是指停顿多而字音拖长，"快"是指字音短促、停顿少，连接较多。重点句需要慢时，前面句子则需适当加快。重点句需要快时，前面句子则需要适当减慢。

在实际运用中，四种方法常交错，重叠使用。只有综合使用它们，才能使节奏更为灵活多样。四种方法的核心是加强对比，控纵有节。

六、节奏练习

（1）春风吹遍了山川，春雨洒满了田园，春风春雨带来了美丽的春天。百鸟和鸣，清脆婉转；百花盛开，桃红李艳。

（2）春天来了，春天为大地送来温暖，万物把春天精心装点。春天还我们艺术青春，我们的青春放歌云端。

（3）明明是二等品，却硬要涂上一级样，让它升级；明明是积压的次品，却硬要换个合格证，充当好货。钢锉厂弄虚作假的手段，实在恶劣！这样对待产品质量，确实应当好好整顿一下。

（4）天上那层灰气已散，不甚憋闷了，可阳光也更厉害了许多，没人敢抬头看太阳在哪里，只觉得到处都闪眼，空中、屋顶上、墙壁上、地上，都白亮亮的，白里透着点红；由上至下整个像一面极大的火镜，每一条光都像火镜的焦点，晒得东西要起火。在这白光里，每一个颜色都刺目，每一个声响都难听，每一种气味都混合着由地上蒸发出来的腥臭。街上仿佛已没了人，道路好像忽然加宽了许多，空旷而没有一点凉气，白花花的令人害怕。

（5）竹篱的那边是两家很精巧的华美的洋房。篱畔的落叶树和常青树都悠然自得地显着入画的奇姿。平坦的淡黄的草园，修饰的浅黑的园径，就好像千副很贵重的兽皮毯一样敷陈在洋房的下面。红的砖，绿的窗棂，白的栏杆，淡黄的瓦……

（6）突然在汹涌起伏的波涛中出现了一个黑点，它忽大忽小，慢慢地升到浪涛的顶端，又一下子跌落在浪谷里。小船离岸越来越近了……我紧张地望着那只可怜的小船，看它怎样像鸭子一样钻到水里，又像振翼高飞的鸟儿似的飞快划动着双桨，从深渊里的浪花中蹿出来。啊呀，我想这下子它要猛冲到岸上，撞个粉碎了，不料它却灵活地转过来，安全地驶进一个小湾。

典型工作任务4 语气的掌控

 任务引入

语气是具体思想感情运动状态支配下语句的声音形式。对语句的实质可以从以下三个方面进行把握：首先，具体的思想感情是语气的"神"、灵魂。其次，具体的声音形式是语气的"形"、躯体。最后，语气存在于句子之中，它在整个语言流动中占据着核心的位置。

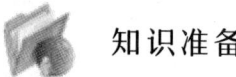 **知识准备**

　　播音的语气,是指在具体的思想感情支配下具体语句的声音形式。由于全篇稿件和整个思想感情的运动状态的要求,由于各个语句的本质不同、语言环境不同,每一个句子必然呈现出这一句的具体感情色彩和分量,并且表现为千差万别的声音形式。也就是说既有内在的思想感情的色彩和分量,又有外在的高低、强弱、快慢和虚实之分的声音形式,我们称之为语气。在运用语言技巧的时候,我们一定要把握住三个相辅相成的环节:第一,受一定的具体思想感情支配;第二,以具体语句为范围;第三,化为某种声音形式。有了具体的思想感情为依据,有了特定语句完整的、独立的意思,这时的语音形式就有可能比较完美了。

　　所谓具体的思想感情,不应局限于某一个句子,应该将其置于整个思想感情的运作状态中,去具体把握,不能将其与全篇割裂开来。由于语句本身不同,语言环境不同,单个句子应呈现出其特有的色彩和分量。

　　所谓特有的声音形式,不仅要强调声音的高低、强弱、长短,还应该重视气息的多少、深浅,气流速度,气息支撑力量的强弱。在播音创作中,语气不仅代表基调的落实,也关系到停连重音和节奏的变化,它对稿件的题材风格和播音风格都有重大影响。

　　语气的表现手法是多种多样的,有真挚、热情、不满、发怒、激动、嘲笑等。在车站广播时,由于内容和感情的不同,业务用语也要有所区别,绝不能千句一调、千篇一律。例如:

　　旅客们,大家等候我们这趟列车辛苦了。我代表本次列车的全体乘务员向大家问好!

　　旅客们,这趟列车是由南昌开往北京去的147次列车。开车时间18点46分,请您核对一下自己的车票,是否与本次列车的去向、车次相同,不要上错了车。

　　以上这段业务用语有两个"旅客们",头一次旅客们是播音的开始,主要是和旅客们打招呼,问好,语气应该亲切、热情、饱满,调子要稍高一些。而第二个"旅客们"则是告诉旅客这趟车的车次和开往的方向,嘱咐旅客不要上错车,语气应该亲切、自然、大方,调子要稍微低一些。两个"旅客们"语气不同,完全是从生活实践中来的。播音的语气既吸收了生活语言的精华,又吸收了朗诵语言的神采。播音语言的特点是"字正腔圆,呼吸无声,格式正确,轻重恰当,逻辑严密,不涩不粘,语势平稳,不浓不淡"。播音语言的深厚功力,是语气生动的直接因素。同时,它也决定了播音员运用语气应该以稿件为依据,脱离稿件的语气是空洞乏味的。在播音中,总的色彩体现在基调中,具体色彩体现在语气中。

　　不同的感情色彩需要通过不同的声音形式来表现,这是有一定的规律可循的。张颂先生在《朗读学》中对在表现不同感情色彩时对气息、声音、口腔状态的特点进行了如下概括:

爱的感情——气徐声柔：口腔宽松，气息深长。

憎的感情——气足声硬：口腔紧窄，气息猛塞。

悲的感情——气沉声缓：口腔如负重，气息如尽竭。

喜的感情——气满声高：口腔似千里轻舟，气息似不绝清流。

惧的感情——气提声凝：口腔像冰封，气息像倒流。

欲的感情——气多声放：口腔积极敞开，气息力求畅达。

急的感情——气短声促：口腔似弓箭，飞剑流星；气息如穿梭。

冷的感情——气少声平：口腔松软，气息微弱。

怒的感情——气粗声重：口腔如鼓，气息如橡。

疑的感情——气细声黏：口腔欲松还紧，气息欲连还断。

广播语言是生活语言的再创造，它源于生活，高于生活。要想提高播音质量，就要向生活学习语言。对于铁路播音员来说，播音使用的语言更应该贴近生活，在播音中重点抓住语气的表达，用以带动重音，用以统领停顿，用以显露节奏。

 项目训练

列车广播规范用语（除动车组外的其他列车）

一、服务监督用语

欢迎对我们的工作给予监督。您在旅行中如对我们的服务有什么意见和建议，请向列车长提出，也可拨打全国铁路客服电话12306（加区号），也可登录中国铁路客户服务中心网站发送邮件来发表您的意见。

二、报站通告用语

【报站之一】（基本）

一报：列车运行的前方停车站是×车站，列车到达×车站的时间是×点×分，停车×分，列车在这个区间走行×千米，请在×车站下车的旅客提前做好下车准备。（可视情况播报列车停靠站台方向）

二报：×车站快要到了，下车的旅客请提前收拾好您的物品，到车厢一端等候下车。

三报：×车站到了，列车在站停车×分，下车散步或购买食品的旅客请注意开车时间。

四报：列车已经停靠在×车站，×车站到了。

【报站之二】（安全）

一报：乘警提示大家，列车上人多拥挤，请您保管好自己的贵重物品。前方到达×车站，到达时间是×点×分，列车在站停车×分，这个区间列车走行×千米，请下车的旅客提前做好准备。

二报：门缝是大家要注意的环节，在如厕关门时，请注意是否有人把手无意间放在门框上。×车站快要到了，下车的旅客请收拾好行李，提前做好准备，愿列车这移动的家，带给您一天好心情。

三报：连接处是个不太安全的地方，在这里吸烟和乘坐都要特别注意安全。在×车站下车的旅客，请您带好物品提前到车厢门口做好下车准备。

四报：列车已经到达×车站，请核对好您的到站，确认您的行李已经带好，列车现在停靠在×车站。

【报站之三】（安全）

一报：不要擅自触动列车上的紧急按钮。列车运行前方到达×车站，×点×分到，停车×分，列车在这个区间走行×千米。×车站是个大站，上下车旅客比较多，请提前做好准备。

二报：列车就要到达×车站，×点×分到，停车×分。下车时请不要拥挤，抓住车门扶手，顺序下车。多一分小心，多一分安全。

三报：列车已经到达×车站，×车站是个大站，下车吸烟、散步或购买食品的旅客请注意开车铃声，及时上车。列车在站停车时，请不要往车外抛扔酒瓶等杂物（×站是高站台，上下车时请留意脚下踏板与站台之间的缝隙，防止踩空摔伤）。

四报：列车所停靠的车站是×车站，我们相约，欢迎您再次光临。

【报站之四】（超员）

一报：现在车内已经超员，请帮助我们身边的老人和儿童，挤挤座，让让位，相让和互助是我们今天要提倡的。列车前方停车站×车站，这个区间走行×千米，到达时间×分，列车在站停车×分，下车的旅客请提前到车门口，做好准备。

二报：您的榜样行为带来了感动，列车人很多，大部分车厢已经超员，车厢里一些老年旅客在年轻旅客的帮助下临时找到了座位，列车广播室代表这些得到帮助的旅客表示感谢。在×站下车的旅客请提前到车门处等候，下车时请按先后顺序、不要拥挤，老人儿童要特别注意安全。

三报：带着平安上路，载着幸福回家。现在停车站是×车站。欢迎您下次乘坐这趟列车旅行。

【报站之五】（晚点）

一报：踏上旅途，挥不去的是那份牵挂，迎来送往，永不变的是我们的真诚。前方到达×车站，正点到站时间×点×分，停车×分，现在列车晚点×小时×分，下车的旅客请提前做好下车准备。（由于列车晚点给您带来不便，我们向您表示由衷的歉意。）

二报：×车站就要到了，下车的旅客请提前到车门处等候下车，下车时不要拥挤，让我们尊老爱幼，相互关爱。由于列车晚点到站，车站会缩短列车停车时间，请准备下车购买食品的旅客给予谅解。

三报：现在的停车站是×车站，列车现在晚点到站，下车的旅客请注意安全，欢迎下次乘坐本次列车旅行。

【报站之六】（雨雪天）

一报：远行千里，安全伴您同行，让好心情随着音乐开始下一站的旅行。前方到站×车站，到达时间是×点×分，列车在站停车×分，这个区间列车走行×千米。由于列车运行速度较快，在车内行走时，请注意安全。外面正在下雨（雪）。请您提前把容易受潮的行李物品包装好，准备好雨具等候下车。

二报：享受生活，珍爱生命。列车广播真诚提示：请不要携带危险物品乘车。在×车站下车的旅客，请到车门处等候，列车就要到达×车站了。车外雨（雪）越来越大了，下车的旅客，请您多加注意，不要慌忙，因为下雨（雪）后车梯比较滑，请抓稳扶手，慢下慢走，注意安全。

三报：相伴风雨路，情系乘车人。×车站就要到了，下雨（雪）天，车梯较滑，您下车时要注意稳步慢行，欢迎您再次乘坐我们列车旅行。

【报站之七】（环保）

一报：讲社会公德，受社会尊敬，请保持公共环境卫生。列车运行前方是×车站，这个区间列车走行×千米，到达×车站的时间是×点×分，列车在站停车×分，请下车的旅客做好准备。

二报：前方到站是×车站，下车的旅客，您在清理茶杯时，请将杯子里的茶根倒在茶根桶里，不要倒在地板上和洗脸池里，以免造成漏电或堵塞。请您整理好物品提前到车门处等候，×车站就要到了。

三报：现在停车站是×车站，真诚欢迎您下次乘坐这趟列车旅行。

【报站之八】（卫生）

一报：小小口香糖，清洁你口腔，用完应环保，投入垃圾箱。列车运行×小时×分，前方到站×车站，这个区间列车走行×千米，到达×站的时间是×点×分，停车×分，下车的旅客请提前做好下车准备。列车到站请不要向车外股道和站台抛扔垃圾，敬请注意保护环境卫生。

二报：×车站快要到了，下车的旅客请提前收拾好物品，到车厢一端等候下车。关注城市清洁，防止人为污染，到站前卫生间会提前锁闭，请给予协助。

三报：×车站到了，下车的旅客请注意安全，我们别说再见，×开往×的×次列车永远欢迎您。

【报站之九】（节水宣传）

一报：列车上水箱容量有限，用水时，要时刻提醒自己注意关闭水龙头，别让水哗哗地流。列车前方到站×车站，×点×分到，停车×分，运行×小时×分，下车的旅客请提前做好准备。

二报：珍惜生命之源，"关"住点点滴滴，列车上的水箱容量有限，请协助节约用水。×车站快要到了，下车的旅客请提前收拾好物品，到车厢一端等候下车。

三报：×车站到了，下车的旅客请不要拥挤，按先后次序下车。X车站是个上水站，车站的供水人员会为每节车厢上水，请旅客们在停车时暂时停止用水，以确保上水的压力充足，争取在短时间里上满水。

【报站之十】（文明）

一报：尊老爱幼是中华民族的传统美德，辛勤忙碌了一生的老人值得我们尊重，活泼可爱的儿童需要我们呵护，您的扶老携幼、您的细心体贴，都会为我们的旅行增添一份亮丽，列车运行×小时×分，前方到站×车站，×点×分到，停车×分，下车的旅客请提前做好准备。

二报：×车站快要到了，带好您的行李，照顾好您的老人，提前到车厢一端等候下车。

三报：做文明乘客，关心身边的老年人。×车站到了，由于列车到站停车时间短，下车散步或购买食品的旅客请掌握好开车时间。为了安全，请老人和儿童尽量不要下车，×车站到了。

注：各段应根据担当列车的实际情况自选播报，也可根据所担当车次经由站的特点增加业务播报内容（如青藏线等）。

项目八　播音表达中情声气结合训练

 学习目标

1. 知识目标
（1）了解情、声、气的定义。
（2）了解情声气结合时需要注意的问题。

2. 能力目标
（1）掌握情声气结合的方法。
（2）明白播音发声对情声气的具体要求。

3. 素质目标
（1）使学生在播音中达到字正腔圆、清晰持久的要求。
（2）能够达到刚柔自如、声情并茂的境地。

典型工作任务 1　情声气的关系

 任务引入

解决情、声、气的关系不是一项孤立的任务。如果脱离了稿件，就无所谓播音中情、声、气的关系。因此，播音中的情、声、气应该统一于稿件。首先是自如性与控制性的统一。情、声、气统一于稿件，又要处理好几个统一。自如性是指从主观可能角度，情、声、气固有的适应能力。播音员自己具备的情、声、气达到什么样的广度和深度，应该心中有数。

 知识准备

语言是传递信息和交流思想感情的工具，存在于人际交流的有声语言情感，语声和气息是一个系统中的几个方面。

情指的是在播音过程中，播音员服务于播讲目的，由具体稿件或话题引发并有用声语言表达出来的始终运动着的情感。情，是我们进行播音创作的依托。

声指的是播音员依据稿件或话题，使用发声器官、运用播音技巧所发出的表达思想感情、包容大量信息，并通过电声设备进行传播、经过科学训练的规范化、艺术化的有声语言。

气指的是播音过程中，为使有声语言传情达意，播音员自如使用胸腹联合式呼吸法所获得的发声动力。

总之，情要取其高，声要取其中，气要取其深，以达到字正腔圆、清晰持久、刚柔自如、声情并茂的境地。除了事物事理的意义之外，语言总是带着一定的感情色彩。这种感情色彩赋予语言以情态意义，一定的情态意义通过一定的声音形式来表现。情态越丰富，声音形式的变化就越多。语言本身具有极大的灵活性，它可以在不同的环境、不同的气氛、不同的心态心理状态情绪和声调中传达不同的思想内容和感情色彩。

以上我们分开讲了情、声、气各自的定义以及播音发声对它们的要求。那么，现在我们把情、气、声组合在一起，说一说它们之间的关系。情是内涵是依托，声是形式是载体，气是基础、动力。

由此我们可以得出结论，情是主导思想、感情状态的运动，指导着气息的运动，并组织发声器官的协同动作，才发出表情达意的声音来。气随情动，声随情出，气生于情而融于声，这就是情、气、声的关系。所以我们要以情带声，以声传情，而绝不能本末倒置——以声造情。在这里，情我们可以理解为感情情义情境，甚至某种意境。这个意境指的是包含限定着情感范围程度的语言环境和心理环境。在生活语言中，我们有许许多多的词语可以概括情、声、气的关系，比如从声的角度讲，有慷慨陈词、娓娓道来、慢言细语、甜言蜜语、豪言壮语等；从气的角度讲，有忍气吞声、有气无声、粗声大气、奶声奶气等；从情的角度讲，有情真意切、情意绵绵、虚情假意、真情实意等。言由心生，我们进行播音创作的时候，往往是依据稿件话题托物起兴，借景生情，把自己的主观世界也当作艺术表现的对象，把自己的主观世界对象化客观化，把思想文字化为有声语言，把自己内在的、无形的精神世界表现出来，使受众能够具体地感受到、体验到、听到、看到。

从情、声、气的角度说，这艺术作品一定要给人以深思遐想的天地，一定要有引人入胜的艺术感染。多样性，就在于情、声、气的丰富多彩，就在于充分利用话筒并综合各种表达技巧。如有时用虚声，有时用气音，停顿节拍感的欲断还连，话筒偏正、远近等。这种装饰应是锦上添花，而不是画蛇添足。规整性与多样性是相辅相成、水乳交融的。只有规整性，缺乏多样性，容易百人一腔、千篇一律；只有多样性，没有规整性，容易各行其是，面目全非。

在播音中我们要努力把规整性融入多样性，把多样性化入规整性，达到规整性与多样性的统一，在坚持播音语言的基本特点的同时，创造姹紫嫣红的播音语言特色。

典型工作任务 2 情声气的结合

 任务引入

语言总是带着一定的感情色彩,这种感情色彩赋予语言以情态意义。一定的情态意义靠一定的声音形式来表现。情态意义越丰富,声音形式的变化就越多。语言本身具有极大的灵活性。它可以在不同的环境下,在不同的气氛、心理状态、情绪和声调中,赋予不同的思想内容和感情色彩。

 知识准备

解决情、声、气的关系不是一项孤立的任务。如果脱离了稿件,就无所谓播音中情、声、气的关系。因此,播音中的情、声、气应该统一于稿件。

情、声、气统一于稿件,又要处理好几个统一:

一、自如性与控制性的统一

有的播音员对某种内容、某类体裁的稿件、对某些声音形式、气息状态、对某种工作环境是适应的,就叫有自如性;对另外一些不适应,就叫没有自如性或缺乏自如性。控制性是指从客观要求角度,情、声、气可塑的支配能力;播音员对不同内容、不同体裁的稿件,不同声音形式、气息状态和不同工作环境的不同要求,也应该心中有数,并根据这些不同要求去播音。把握这些不同要求运用情、声、气的过程就是加强控制性的过程。

由此可知,在播音中解决情、声、气的关系,控制性与自如性要统一。我们所说的自如性,必须与控制性统一,必须有准确的语言目的,必须有具体、丰富的思想感情的运动,必须有高超的语言技巧,并统一于稿件中,完成于话筒前。

如果只有控制性而无自如性,情、声、气就会显得生硬,带有明显的僵化状态。必须善于把握自己情、声、气的自如状态,在可能的基础上,在深广范围内发挥自己的优势,扬己之长,避己之短,实现自如的控制性。在克服"自然"状态过程中,必须强调控制性,否则只是隔靴搔痒。我们必须认识到控制性与自如性是对立的统一,在解决情、声、气的关系时不应抑此扬彼。因为,没有控制性,自如性就失去了确定性,成了随意运动;而没有自如性,控制性也就失去了主动性,成了机械运动。

在控制性与自如性的对立统一中,我们又要注意二者的不平衡性。我们的目的是使二者融为一体,浑然天成。但在播音实践中,二者往往若即若离,此伏彼起。控制性与自如性的不平衡是绝对的、无止境的,它们的平衡是相对的、暂时的。我们总是处于认识平衡、寻找平衡的过程中,力求达到"从心所欲而不逾矩"。

有的稿件,有的时候似乎达到了某种平衡,也要分辨那不平衡的细小差异,以便向更高一级努力。控制性与自如性的不平衡性有多种情况。一般来说,控制性过强,给人以做作、不纯熟之感,好像理智在排斥感情,取代了感情;自如性过多,给人以模糊、轻率之感,似乎感情摆脱了理智,干扰着理智。有的播音员播某一篇稿件时,有的地方控制性过强,有的地方自如性过多,不够统一。

有的播音员,播这一篇稿子控制性过强,播另一篇稿子自如性过多。也有的播音员思想感情的运动状态较好,气息、声音的控制性过强(气浅声高、气足声压、语势呆板单一、停顿四平八稳之类),或者气息、声音状态较好,而思想感情的运动状态不自如(情景再现不丰富,内在语不充分,对象感欠具体,语言太笼统,工作环境对心情的影响等)。

二、规整性与多样性的统一

规整性是播音语言的基本特点。规整性是指有声语言的规范、工整、质朴、缜密。它至少应该具有以下四个特征:

1. 字正腔圆、呼吸无声

在吐字归音上应该"字字珠玑",切忌音包字、葫芦字、棉花腔,不但要正确、规范,还要有韵律美。那种声音似乎优美,但吐字含混、咬字塌瘪的播音就不可取。呼吸一般无声,进气迅速,出气发声,没有发声的气擦声,也没有停顿时的放气、吸气声。

2. 格式正确,轻重恰当

每一个词、词组都有轻重格式的问题,违背了轻重格式的规律不但显得语言不够规整,有时还会使得语意不清、语气生硬。以两个字词为例,有中重格式如白云、水渠、伟大、自觉,有重轻格式如月亮、石头、进去、名字,还有重中格式如光荣、正确、必然、情况。

3. 逻辑严密、不涩不粘

如按语法关系停顿连接、按主次关系突出削弱,按逻辑联系衔接呼应,按政策高度把握分寸等。不能生涩、拖沓,不宜粘连一堆,散乱一片。

4. 语势平稳、不浓不淡

播音切忌在语势上追求大起大落、突起突落,也不宜用单一色彩着意渲染。感情色彩太淡,给人以冰冷的感觉;而感情色彩过浓,也会造成故作多情的印象。重要的是平稳中显出变化,分寸上把握浓淡。

规整性是指语言的一种表达特点,类似文学创作中的白描手法,绝非对感情色彩的轻视,更不是对语言技巧的摒弃。它要求的是播音语言的表达样式,是别具一格的表达方式。多样性又是播音语言的长期弱点。多年来,由于种种原因,我们缺少对多样性的探求,没有较好地解决规整性与多样性的统一问题。所谓多样性,简单说来大致有这样几个方面:

第一,抓个性,要有意境。每一篇稿件都有自己的个性,从内容、目的、基调到体裁、结构、语言特点都有不同于另一篇稿件的东西。这种种不同就是我们创造它的意境的条件。抓不住个性,抓不住具体稿件的特点,不可能创造深邃的意境。

第二,抓语气,要有造型。语气是播音语言诸种技巧的中心,它不但体现播讲目的,还带动丰富的语势变化。造型,有播音员个人语言特点的风格、形象化人物的语言特征、诸种文体特殊性语言表达等,并非仅指人物的老少。不从语气入手和不通过语气显露,会造成语言的雷同化和情、声、气的单一化。

第三,抓变换,要有感情色彩。这里说的变换,包括思想感情的变化和声音、气息状态的转换。以明暗为例,深沉的感情与欢快的感情要求声音明暗不同。那种单纯追求响亮的声音的做法,不会有感情色彩,必然导致播音中缺乏多样性。

第四,抓美感,要有装饰。所谓装饰,不同于外在的、形式主义的粉饰。我们应该从美学的高度来对待、处理播音中的情、声、气,否则就会有意无意地走上自然主义的歧途。必须使听众得到美感享受,播音才可能作为一门语言艺术自立于各类学科中,并作为一种艺术珍品列于人类艺术宝库。

在播音员广播员进行播音创作的时候,声音是唯一的或者很重要的一个表现形式,情需要通过声音和气息才能表达出来,我们播音发声情、声、气结合要追求的境界应该是情声气交融、主客观的高度统一。人的精神生活现象是极其复杂的。我们常说可以意会,不可言传,是指我感受到了、领悟到了,但是难以用语言、用概念做出具体的描述,特别是某种情怀情绪,某种复杂的感受、体验等,大多是属于情态领域里的一些东西,比如"愤怒""高兴"等,我们用来划分层次的程度副词显得太少了。"有点""一些""比较""挺""很""太""非常",用这些书面语言无法再往深层次划分的情绪,用我们的有声语言,用我们符合稿件话题所提供的所有条件,情声气结合,不是更能恰如其分地进行表达吗?这正是我们播音发声之所长。

典型工作任务 3 情声气结合的注意事项

 任务引入

当沉浸在一篇感情动人的通讯、激奋或鼓舞人心的消息中时,感情随着文章的推进而运动，有时轻松，有时兴奋，有时愤慨，呼吸状态也随之变化，时而平缓，时而深沉有力，时而激越，与所描述的事物"同呼吸""共脉搏"，这就是气随情动的状态。

这种状态在播音创作中，要主动地加以运用，使气息运动成为由体验到表达的桥梁。在对节目进行具体感受这一环节中，要注意使自己的呼吸状态适应感情的运动状态。感情转换必伴以气息状态的转换。

 知识准备

要获得情声气完美结合的播音作品，需要从播音发声中注意以下几个方面：

第一，气息。运动的气息来源于不停变换的控制。

第二，声音的运用。要注意声音色彩对比，一定要用足用够用活，要客观地认识自己的声音，抓住自己声音的特色，逐步确立自己的声音形象。

第三，要注重实践性。在备稿到播出的整个过程中，要不断地根据稿件话题所提供的线索，不断挖掘新内容，找出新感受，以促进思想感情的运动。

要做到这些，就一定要动真情，要往作品稿件中加入自己的理解和感受。播音发声必须动之以情，但是并非随便什么感情的注入都是好的。表面的强烈不等于真实，感情质朴中常常饱含着火一样的激情，华丽中往往呈现出空虚。主要看有没有内涵，是不是发自内心，如果离开内心的真情而无病呻吟，艺术的感染力就会一去无踪影，故意做出来的假感情，只能刺激人一时，而不能真正的感染人，使人过耳不忘。

即使是真挚的感情，也不能一概而论，而要做具体分析和对待。人的感情是建立在一定的思想基础之上，并且受世界观所约束的，尽管喜怒哀乐人皆有之，但是同一事物对于不同的人所引起的感情反应不可能没有差异，这里有积极健康高尚和消极颓废低俗之分。前者与人民群众的感情息息相关，符合时代精神，这样的真实感情与善是相统一的，因而是美的；而后者则立于一己之所好，只迎合少数人的趣味，与时代精神相悖，即使是真实的，也是有害的。

感情被现实所激起，还必须被思想提高，这是问题的一方面。另一方面，同是积极健康高尚的感情会也是丰富多彩、千差万别的，它的表达方式和表现形态也是多种多样的。感情是使广播作品富于个性和创造性的潜在的推动力量。每个播音员完全可以按照自己的个性来发展不同的才能，以自己的辛苦劳动开拓一片崭新的天地，这就需要在时代精神的感召下，不断培养充实和提高自身的素养，并以此作为我们进行播音创作的基石和艺术探索的起点。播音员在播音发声这个领域能做到这一步，那已经可以说进入了高层次播音创作的阶段了。

 项目训练

京沪高铁列车广播词

1. 始发

欢迎您乘坐京沪高铁和谐号动车组。本次列车是由×站开往×站的×次列车，列车途经×站，上车后请您核对车票对号入座，将随身携带的物品放置在行李架上摆放稳妥，大件行李请放在每节车厢的大件行李存放处。感谢您的合作。

2. 开车前五分钟

欢迎您乘坐京沪高铁和谐号动车组列车。您乘坐的这趟列车是由×站开往×站的××次列车，在×站开车的时间是×分，到达终点×站的时间是×分。请您认真核对车票，以免上错车耽误您的旅行。有送亲友的朋友请您抓紧时间下车，站在车门附近的乘客请您到车厢里面就座。列车就要开车了。

3. 开车后

欢迎您乘坐京沪高铁和谐号动车组列车，我代表动车组全体乘务人员向您问好，祝您旅途愉快！列车前方到站是×车站，请下车的旅客注意广播通告，提前做好下车准备。

4. 实名制（始发站、折返站以及沿途大站播报一次）

铁路目前实行实名制车票乘车旅行，列车工作人员将到车厢查验车票，请您提前准备好车票，以及您在购票时所使用的有效身份证件。请给予配合，感谢您的合作。

5. 禁烟（每小时以及沿途大站播报一次）

为了您和他人的乘车安全，请不要在车厢内、连接处、卫生间等任何区域内吸烟。因为一旦有人吸烟，烟雾报警器将会自动鸣响，列车将会降速运行，造成晚点，请您支持配合我们的工作，祝您旅途愉快、一路平安。

6. 安全（每小时以及沿途大站播报一次）

由于列车运行速度较快，您在车内行走时，请您扶好走稳，您在接开水时，请不要接得过满，以免开水溢出烫伤自己和他人。带小孩的旅客请您注意看管好您的小孩，不要让孩子在车内跑跳、玩耍，以免发生危险。特别提示使用笔记本电脑的旅客，请您与前排座椅保持距离，以免前排旅客调整座椅时造成挤压或损坏，感谢您的合作。

7. 途中播报

列车运行前方到站是×站。在×站下车的旅客，请您提前做好下车准备，列车在×站停车×分。由于列车停车时间较短，不在本站下车的旅客，请您不要再站台上吸烟，以免漏乘，耽误您的旅行。感谢您的配合。

8. 终到

　　我们这趟列车就要到达终点站了,请您再次检查一下行李架上、衣帽钩上、网袋后面以及大件行李处是否还有您的行李物品,不要遗忘在列车上。感谢您一路上对我们工作的关心理解和支持,欢迎您再次乘坐本次列车,下次旅行再会。

项目九　播音表达中声音弹性训练

  学习目标

1. 知识目标
（1）了解声音弹性的概念及特点。
（2）了解声音弹性的作用。

2. 能力目标
（1）掌握提高声音弹性的技巧。
（2）通过对比训练，掌握获得声音弹性的途径。

3. 素质目标
（1）使声音具有伸缩性和可变性。
（2）提高声音的弹性和丰富声音的色彩。

典型工作任务 1　声音弹性及表现特点

 任务引入

人们在评价一个播音员的声音时常说："这个人的声音适应力强，弹性好"，或是"声音弹性差，表现力较弱"。这里"声音弹性"这个概念指的是什么？如何理解？又如何获得有"弹性的声音"呢？

 知识准备

一、声音弹性的概念

声音的弹性是指播音时声音形式对于人们变化着的思想感情的适应能力，以及声音随感情变化而来的伸缩性、可变性。人们的思想感情总在不停地运动变化。这种思想感情的运动状态是播音创作的内在动力,它要求气息声音随之变化,以声音形式来表现它所感受到的一切。播音表达需要富于弹性的声音,我们的训练也正是为了取得声音的弹性。

适应能力强,声音富于弹性;适应能力弱,声音弹性差。"弹性"是和"僵持"相对立的概念。

二、声音弹性的作用

（1）声音弹性将发音过程中的各单一声音要素结合起来,使之更易于把握和使用。

（2）声音弹性强调声音形式变化与感情色彩的适应,而不是单纯的声音使用,它是将声音训练与表达结合起来的重要步骤。

（3）声音弹性有助于各种思想感情的表达,其中包括那些自己不熟悉或不善于表达的思想感情。

（4）锻炼声音的弹性,就是使发声器官呼吸、振动、共鸣、咬字有自如运动的能力,有合乎科学的、合乎艺术表现规律的各种用声状态。

三、声音色彩与感情色彩的区别

（1）声音色彩是感情色彩的外部体现,声音色彩与感情色彩之间有一定的对应关系。要坚持从理解感受入手,"以情带声""以声传情",反对"情不够,声来凑"。

（2）播音员的声音像画家手中的调色板,色彩变化越丰富、越细致,它对于感情色彩的适应性越强。弹性训练的目的就是扩展以声音色彩为主的声音变化的能力。

（3）是否思想感情运动起来,气息、声音就自然会随之产生相应的变化,从而达到情声一致的境界。

① 在思想感情处于运动状态时,气息、声音总是会有些变化的。日常生活中谈话的情形就是鲜明的例证。

② 播音时思想感情的运动状态不同于日常生活,它比日常生活中的感情变化更集中、更鲜明,因而要求更加鲜明、丰富的声音色彩变化。

③ 如果播音员的声音运用有问题,是僵持的、呆滞的,必然会限制声音色彩的变化。

四、声音弹性的表现特点

（1）表现为声音的可变性。最主要的是气息状态及声音色彩的变化。

（2）声音的变化呈现出对比性。气息的深浅、疾徐,声音的高与低、强与弱、实与虚、明与暗、厚与薄。气息声音的纵与收。

（3）对比具有层次性。控制水平越高,层次间的差别就越细致。

（4）声音的弹性变化不是以单项对比的形式出现的，而是以多种对比项目的复合形式出现的。声音的弹性变化体现出变化多端的声音色彩和性格。

典型工作任务 2　获得声音弹性的技巧

 任务引入

任何语言表达技巧都是通过吐字发音体现的言语声，是在大脑的统一指挥下各发声器官协调动作而发出的。只有对发声器官的诸环节都能灵活控制、运用自如，声音才可能有丰富多彩的变化。

 知识准备

人的思想感情在一定的语言环境中是不断运动的，而人的声音通过控制调节是可变的。这两条是取得声音弹性的必要条件。声音的可变又要依靠气息自如、喉部放松、口齿灵活。

一、思想感情的运动是取得声音弹性的内在依据

要根据栏目稿件话题的内容，深切地体会情感运动中的细微变化，而将之运用到播音中。所以声音弹性训练也绝不能脱离一定的语言环境，而只去训练音高、音强、音长、音色等物理量。

二、要使声音富于弹性，要注意气息随感情运动

气息是发声的动力，是由情及声的桥梁。要使声音富于弹性，须注意气息随感情的运动。气息的运动是由内部体验到外部体现的贯穿性技巧。

例如李延国的报告文学《在这片国土上》片段：

这是一个多雪的冬天。燕山银装素裹，引滦战士住的营帐变成了一只只巨大的白蘑。指导员陈庆辉踏着积雪从工地回来……（此处感情是含蓄平衡的，呼吸也是平稳的）

他撩起三班帐篷的门帘，顿时被一幅景象惊住了：许冠群，那个颧骨高高，平日看来老实巴交的壮族同胞，正纠合着六七个壮族老乡在喝酒！……工班前喝酒，这是纪律决不允许的。（由于惊讶、气愤，呼吸的速度加快了，不那么平稳了，"许冠群"后面急吸一口气，后面的语言节奏也加快了。"工班前喝酒"前呼吸沉下来，吐字的力度加强了，以示问题的严重）

呼吸随内容的推进随时有细微的变化，这种变化是不间断的。要体会呼吸与感

情运动的关系并能自觉运用，就会使语言表达跃入一个新阶段，找到一条贯穿内部体验与外部表达手段的桥梁。通过呼吸把各种表达技巧组织成为一个有活力的有机体。这样的表达是内在的、没有雕琢痕迹的。感情越深刻、越细致、越具体，气息的变化越生动多姿、越有活力，声音色彩的变化也越丰富、越鲜明，声音也就越有表现力。

三、发声能力的扩张也有利于声音弹性的加强

发声诸环节的控制留有余地，才利于声音弹性的产生。任何一个环节上表现出的运动极限，都是形成声音弹性的障碍。发声控制达到极限的表现是：音调过高、过低，口腔开度过大、过小，口腔过紧、过松，字音的着力点过于靠前或靠后。发音吐字的各环节要具有柔韧性，才能使声音富于弹性。柔韧性的取得，往往来自相关的两组力量的相互对抗与控制。

四、在发声的各个环节中，对发声的调节控制都要留有余地

这样才有利于声音弹性的表现，在任何一个环节上表现出运动的极限，都是形成声音弹性的障碍，如音量过大或过小，声调过高或过低，口腔开度过大或过小，口腔控制过松或过紧，声音过度偏前或靠后，进气量过多或过少等。这些都是发音控制达到极限的表现。在这种情况下，难以实现具有弹性的声音，同时对各种声音色彩对比的训练一定要有针对性，针对自己存在的问题选择练习材料，扬长补短，为综合控制打好基础。

典型工作任务 3　声音弹性对比训练

 任务引入

声音弹性不仅表现在声音的可变性上，而且表现在声音的对比性的对比层次上。加强声音的对比训练是提高声音弹性和丰富声音色彩的有效办法。

 知识准备

声音弹性对比训练，包括强与弱、高与低、刚与柔、明与暗、实与虚、厚与薄、粗与细、前与后等。声音弹性不只是以单项对比形成出现的，而常常是以复合形式出现的，如"刚"与"明"，"高"与"强"，"虚"与"柔"的复合形式等。

一、高与低

指在本人音域范围内音调相对的高与低。

（1）有层次地爬高降低。

先用低调说，一级级地升高，然后再一级级地降下来。

（2）一句高，一句低，低高交替。

（3）一句话内音调由低到高，再由高到低。

伟大的祖国，伟大的人民。

（4）有层次的高低变化。

（高）床前明月光，

（次高）疑是地上霜。

（次低）举头望明月，

（低）低头思故乡。

（5）明显对比的高低变化。

（高）对面是高耸入云的大山，

（低）脚下是波涛汹涌的急流。

二、强与弱

（1）有层次的由弱到强。

① 第一遍用弱声，一遍比一遍略强，音高基本不变。

② 第一遍用低弱声，一遍比一遍略强略高。到最强最高时，不能有喊的感觉，逐渐增加由弱到强的中间层次。

（2）小音量练习。

（3）弱中带强。

（4）喊声及呼口号。

在生活中和舞台上，这种声音是既强又高的。而播音员要用中等强度的声音表现出高等强度的呼喊声，一般采用气息压力较强的虚声；雄壮的多用下部共鸣，嘹亮的还要用上部共鸣。例如：

① "中华人民共和国万岁！"（雄壮）

② 由河对岸传来热情的呼喊："张——老——师！"（高亢气息控制较强）

三、实与虚

（一）偏实声练习

声音响亮、扎实、清晰度高。报告新闻、播评论性文章基本用这种声音，知识性节目也多用偏实的声音。例如：

一种家用手动编织机，最近在湖南益阳通过鉴定。这种编织机，主要适用于粗的和中粗的毛线加工毛衣。

（二）虚声练习

声门有一定的开度，气息逸出较多，容易频繁吸气并带出吸气声，并要保证字音的清晰。虚声多用在说悄悄话、描述想象中的虚幻的事物及惊叹等情况中。

（三）虚实对比来练习

选一些短句子，第一遍用实声，第二遍用虚声，反复练习。例如：

我爱伟大的祖国。

四、明与暗

一般内容多用较为明朗的声音，但要根据节目内容需要，明暗得宜。提颧肌，口腔内音束冲击点较集中、靠前，声音明朗；气息深缓，两颊放松，音束冲击点较散、靠后，声音偏暗。切忌用捏挤嗓子或多用上部共鸣的办法寻求声音的明朗。

五、刚与柔

声音要能刚能柔，刚柔相济。刚与柔既是对立的两个侧面，又是你中有我，我中有你；要刚中有柔，柔中有刚，使声音柔韧而富于变化。既不能是硬邦邦的僵直，也不能像没有骨头似的软绵绵。"过刚则直，过柔则靡。"

一般反映较重大政治事件及感情激越的稿件多用偏刚的声音，气息和口腔控制比较有力，一般胸声成分较多。抒情性的、生活气息较浓的以及服务性的稿件用声则较为柔和，气息和口腔的控制都比较和缓。

六、厚与薄、粗与细

厚薄、粗细的含义有所区别，但在发声中，厚的声音往往与粗相连，薄的声音往往与细相连，可以放在一组中进行练习。气息深，胸声强；声音厚，气息浅；胸声少，声音细薄。厚实的声音给人以深沉庄重的感觉，因而播新闻性及感情深沉的节目常用这种声音；较细薄的声音能给人以轻快感，但如果气息缺乏控制，声音易飘浮，男声特别要注意这个问题。用降低舌根的办法可以获得粗厚的声音，但不符合嗓音卫生，除在人物语言造型中可以偶尔一用外，日常播音不宜如此使用，而且降低舌根会使声音发闷。可以用感情深沉的诗词锻炼声音的厚度，轻松活泼的知识小品等可以用来锻炼声音的轻巧。

以下这个段落应该用较明亮的实声表现赞颂的情绪：

那是力争上游的一种树，笔直的干，笔直的枝，它的干通常是丈把高，像加过人工似的，一丈以内绝无旁枝，它所有的丫枝一律向上，而且紧紧靠拢，也像是加以人工似的,成为一束,绝无旁斜逸出,它的宽大的叶子也是片片向上,几乎没有斜生的,更不用说倒垂了,它的皮光滑而有银色的晕圈,微微泛出淡青色,这是虽在北方风雪的压迫下,却保持着倔强挺立的一种树,哪怕只有碗那样粗细,它却努力向上发展,高到丈许两丈,参天耸立,不折不挠对抗着西北风,这就是白杨树,西北极普通的一种树,然而绝不是平凡的树。

 项目训练

动车组广播词

1. 列车禁烟宣传(200千米)

(1)广播内容一:旅客朋友们,您乘坐的这趟列车是全列不吸烟列车,请您不要在车厢内、车门口处、卫生间内吸烟,希望您理解和支持。

(2)广播内容二:旅客朋友们,您乘坐的动车组列车是无烟列车,请不要在车厢内、连接处和卫生间内吸烟,希望得到您的理解和支持。因为一旦有人吸烟,车内报警器会鸣响,列车将临时停车,不但会造成列车晚点,还存在着安全隐患,这是关系到所有旅客的乘车安全,所以请吸烟的朋友配合,让我们携手共创温馨和谐的旅行环境,祝大家旅途愉快,一路平安。

2. 禁烟宣传(300千米)

旅客朋友们,您乘坐的动车组列车是绿色环保无烟列车。为确保您和他人的旅行顺利及乘车安全,在车厢内、连接处和卫生间内禁止吸烟,请吸烟的朋友给予支持、配合,谢谢!让我们携手共创温馨和谐的旅行环境,祝大家旅途愉快,一路平安。

3. 终到宣传

旅客朋友们,短暂的旅程即将结束,列车马上就要到达终点站了,请您检查一下行李架上、衣帽钩上、座位周边以及大件行李存放处有没有您的物品,以免遗忘在列车上。列车到站时车门自动开启,请站在车门附近的旅客注意安全。欢迎您再次乘坐京津城际动车组列车,下次旅行再会。

4. 安全提示

(1)各位旅客:由于列车运行速度快,您在车厢行走时,请注意扶好、走稳;您在打开水时,请不要接得过满,以免开水溢出烫伤自己与他人;为了保证大家的旅行安全,您在出入车厢、厕所、风挡连接处时,请不要将手扶在门缝处。风挡连接处离车门很近,请您不要在此处停留,以免发生危险,谢谢大家的配合。

(2)本次列车为新型旅客列车,车厢内的电器设备和开关按钮,请您不要随便触摸和按动,以免发生危险。

列车上的紧急制动阀是列车发生紧急情况时,由列车工作人员使用的,请不要随便触动。如发生危及列车、旅客生命财产安全的情况,请听从列车工作人员的指挥,保持良好的秩序,不要急于拿东西。要帮助老、幼、病、残、孕等需要帮助的旅客。遇有乘务人员不在现场时,请及时通知列车工作人员。

情况紧急必须撤离列车时,可按下车厢两端门上方的紧急停车按钮,并可在列车停稳后使用破窗锤击打车厢两端的第一块玻璃逃生。

(3)列车运行速度较快,您在车内行走时,请扶好走稳。带小孩的旅客,请您注意看管好孩子，不要让小孩在列车内跑跳玩耍，以免发生意外。您在接开水或冲泡方便面时请不要接得过满，以免列车晃动，开水溢出，烫伤自己与他人。当您出入车厢、厕所、开关车门时，请注意不要把手扶在门缝处，以免发生挤伤。

（4）为了您和他人的安全，请您不要将易燃、易爆、剧毒、腐蚀性以及污染车辆的物品带上车，如果您已经将危险品带上了车，请您及时与工作人员联系，以便妥善处理。

（5）旅客们：由于列车在本站停车时间较短，如果您的目的地不是本站，请不要下车，以免漏乘耽误您的旅行，谢谢您的合作。

5. 补票宣传

各位旅客您好，欢迎您乘坐×动车组列车，如果您在上车之前没有来得及买票请您与工作人员联系，我们将为您办理补票手续，感谢您的配合。

项目十　高铁乘务播音训练

　学习目标

1. 知识目标
（1）了解高铁乘务播音的要求和特点。
（2）了解高铁乘务播音的原则和播音前的准备工作。

2. 能力目标
（1）掌握高铁乘务播音的技巧。
（2）掌握处理突发问题的技巧。

3. 素质目标
（1）提高语音的表现力。
（2）多维度强化高铁乘务专业技能。

典型工作任务1　高铁乘务播音的特点和要求

　任务引入

对于高铁乘务播音员来说，不仅要有足够的理论知识，其语言表达也要有技巧。播音员应该以真实、流利、自然的声音向群众传递最新信息，播音员的语言应做到准确规范，清晰流畅；圆润集中，朴实明朗；刚柔并济，虚实结合；色彩丰富，变化自如。我们应该在自己发声条件的基础上发挥所长，克服所短，逐步扩展自己的发声能力，找到自己最好的声音。用这样的声音播出来大家会认可，人们更容易听到。

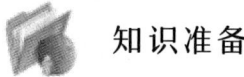 知识准备

一、高铁乘务播音发声的要求

播音发声和其他艺术语言相比是最接近口语的发声，但绝不等同于生活中口语的发声，它是对生活中口语发声的规范、提炼和升华。播音，广义上是指电台、电视台等电子传媒所进行的一切有关声音语言和副语言传播信息的活动。高铁乘务播音，顾名思义是乘务员在高铁上通过电子设备对乘客进行的信息传播的活动。受众对播音员的发声要求是亲切、自如、优美、动听，感染力强且有比较鲜明的特色。我们对高铁乘务播音发声的要求可以归纳为以下几句话：

准确规范，清晰流畅。

明快清脆，圆浑清亮。

富丽清新，坚定清越。

具体要求如下：

1. 发音准确，吐字准确

用标准的普通话播读，特别要注意多音多义字。达到发音吐字准确的要求，需要做到：气息下沉，喉部放松，不僵不挤，声音贯通、字音轻弹、如珠如流、气随情动、声随情走。

2. 语速适当，用心感受

要抓住广播稿的特点，使节奏流利和谐、缓急结合。语速要适宜，不要过快，也不要过慢，或者做不适合的停顿。

语速过快，有时旅客跟不上，反应不过来，甚至不明白你在说什么；语速过慢，让人听了着急。最合适的语速，基本是每分钟60个字左右，听起来比较舒服。从事高铁乘务的工作人员需要经常有意识地锻炼自己，因为过快的语速、尴尬的停顿或者语速缓慢，都可能传递一些非故意的信息，会让乘客感到你可能隐瞒了某些事实。

3. 语调生动，轻重适宜

根据需要、分出轻重缓急、抑扬顿挫，表达出文章的思想感情。

播音者的语调可以神奇地影响信息的含义，从而影响乘客的倾听效果。即使是简单问题的陈述，凭借语调也可以表情达意。情感因素可直接影响说话的语调。所以，作为高铁乘务人员，应及时调整自己的情绪状态，努力克制自己的消极情绪，避免因自己的不良状态影响说话的语调，从而在无意间向乘客传递一些消极的信息，影响了服务质量。

典型工作任务 2　高铁乘务播音的技巧

 任务引入

高铁乘务人员对播音技巧的运用，不仅体现在普通话的标准程度上，还体现在服务人员的综合表达能力上。它要求服务人员除了能够熟练使用语言沟通技巧和播音技巧外，还要用标准的普通话完成特殊事件问题处理等一系列高铁播音内容。这种能力不仅能够体现高铁的服务水准，还能决定旅客对高铁的服务印象。

 知识准备

一、播音的原则

（1）必须用标准的普通话进行播音。播音员通话应为二级甲等以上，持证上岗。
（2）必须由播音员进行播音，其他任何人员不能播音。
（3）播音音量适中，语速中等，音质明亮柔美，语句流利无错别字。
（4）广播词必须先默念几次以求词句的顺畅。紧急稿件要沉着、慢速，边看边播。
（5）播音的开始与结束必须用文明礼用语。语调轻柔优美、亲切自然。
（6）突发意外不要惊叫，先关掉话筒，再处理事情，以免引起恐慌。

二、高铁乘务播音前的准备

话筒前的空间是播音员的阵地。努力获得良好的状态，是站车广播员的一项基本功。在话筒前播出的每一篇稿件，甚至一段简单的业务用语，都是广播员本身的声音、气质、经验、文学修养等的综合显露。"播如其人"这句话是有一定道理的，这是告诉我们，广义备稿，提高广播员的业务修养是十分重要和必要的。

话筒前的状态是播音成败的关键问题。所以，广播员来到话筒前应该怎样工作，怎样才有一个正确的播音状态，这是极为重要的。

那么，在话筒前怎样才能有一个好的状态呢？它涉及的问题很多，比如话筒前工作的原则、要求和方法，每个广播员的思想觉悟、业务水平、工作环境和条件等。这里只着重讲话筒前如何播好稿的问题。

（一）播前准备

1. 弄清字、词、术语、典故

不懂就要问或者自己查，绝不能想当然地播出去。对于形声字、姓氏以及地名，一定要查字典或问清楚才能播。特别是一些人名、地名常有特殊的念法。例如杭州名胜中有个"虎跑泉",倘若我们把"虎跑"的"跑",念成奔跑的"跑"就错了。上海有个"莘庄",山东有个"莘县",同样的"莘",一个读 xīn,一个读 shēn。很多人把"莘县"错读为"辛县"。山东有个东阿县,生产的名贵中药"阿胶"名扬海内外。东阿的"阿"和阿胶的"阿"是同音,都是念ē。如果把ē念成ā就不对了。

我们的祖国地域辽阔,民族众多,和语言尤其是语音知识有关的地名、姓氏到处可见。它们大都有着绚丽多姿的民族文化的深厚背景。在站车广播中,读准这些地名、站名和姓氏至关重要。

2. 稿件的文字加工

站车广播的许多稿件,都不是专业广播工作者写的,有些稿件看起来"顺眼",但念起来不一定"顺口",听起来不一定"顺耳",广播员在播音前还需对稿件进行文字上的加工,这里简单介绍几种方法:

(1)书面语改成口语。

尽量用"是、到、都、在、好、就、怎么、安排、忘记"等。

避免用"系、至、均、于、佳、即、如何、部署、忘却"等。

(2)单音节词尽量改成双音节词。

尽量用"并且、但是、应该、现在、因为、比较"等。

避免用"并、但、现、已、因、较"等。

3. 特别绕口的字句要读熟

为了将稿件内容准确、鲜明、生动地传达给旅客,广播员在备稿后、播音前,特别绕口的字句要读熟,避免播音中的错误。

4. 活动声音

站车广播员在早上起床后和中午午休后,播音前要预热一下嗓音,可以先扩胸,活动一下身体,然后由低到高,由弱到强地发 i、a 等单元音,再做一做口部操,活动咬字器官。也可以读读书面资料,把自己的嗓子练开,不要一到话筒前,播出来的声音还处于睡眠状态。

口部训练包括以下内容:

(1)口的开合练习。张嘴像打哈欠,闭嘴如啃苹果。开口的动作要柔和,两嘴角向斜上方抬起,上下唇稍放松,舌自然平放,经常做这个练习,可以克服口腔开度的问题。

(2)咀嚼练习。张口咀嚼与闭口咀嚼结合进行,舌自然平放,练习时反复做。

(3)双唇练习。双唇闭拢向前、向后、向左、向右、向上、向下及左右转圈,双唇打响。

(4)舌头练习。舌尖顶下齿,舌面逐渐上翘。舌尖在口内左右顶口腔壁,在门牙上下转圈。舌尖伸出口外向前伸，向左右、向上下伸。舌在口腔内左右立起。舌尖弹练，弹硬腭。舌尖与上齿龈接触打响，舌尖与软腭接触打响。

（二）话筒前的状态

1. 调动思想感情

站车广播员坐在话筒前应注意调节自己的情绪，调动自己的思想感情。可以先回忆一下稿件的内容，想一想稿件的针对性，激发自己的播讲愿望。广播员在话筒前不是以个人的身份，而是以铁路的宣传员身份、旅客朋友的身份出现的。在话筒前一心想着宣传对象——旅客，以对旅客高度负责的精神，再加上对稿件的深刻理解，通过与旅客亲切委婉的交谈，获得旅客的理解和支持。

2. 姿势体态要端正

有的人播音时有些不良习惯，摇头抖腿，捂耳托腮，这些都不利于播音。正确的身体姿势应以保证气息畅通为原则，应正对话筒，双肘平放在桌上，双腿平稳落地。靠着、歪着、趴着都不对。胸部应舒展自如，发声时稍向前倾，颈部和两肩自然放松，小腹自然内收。挺着肚子或收着肚子都不对。

3. 正确掌握话筒距离

话筒的放置高度应与讲话人的嘴部平行，对正距离为 30 厘米左右。但因列车上噪声大而广播音量隔离效果不好，最好是一拳之间。不同的话筒要求不同。太近，话筒"噗噗"响；太远，声音空。列车广播由于列车运行的噪声干扰，可以适当近一点儿。可根据自己的声音和话筒的条件试一试，选准位置。

4. 注意声音的运用

广播员在播音时应使用自己的自然声区。自然声区就是人声最自然的音区。声音的大小以日常说话为度。这样，声音高低大小变化自如，发声省力，效果好，声音中"真"的成分多，最自然，最富有色彩。

（三）播音前应注意的问题

1. 精力集中

播音时精力不集中根本无法播好，故要全神贯注。有的人播音时容易开小差，开小差的原因很多，比如：

（1）播音时想到纠正播音中的缺点。抱着改缺点的目的到话筒前播音，不管自己是否意识到了，都会使注意力转移，这是捡了芝麻，丢了西瓜。错了不要想它，更正后把它抛开，继续播音，气可鼓不可泄。

（2）到话筒前不能有气馁的思想，要有坚定的信心，一定要播好。再生的稿子也要有播熟稿的勇气和信心；再熟的稿子也要像播生稿子那样认真。做到"生而不涩、熟而不油、心口如一、严肃认真"地播出。

（3）广播员也和其他人一样，在日常生活中经常遇到高兴的事和不高兴的事，由此而产生的情绪，也是"开小差"的一个主要原因。把这种情绪带到话筒前不仅会影响内容的表达，还会出现广播差错。因此，站车广播员对话筒前这个岗位要有很强的适应力，一定要进入内容，精力集中。

2. 播音要有新鲜感

所播的内容要使旅客听得懂，记得住，用得上。对于站车广播员来说，有的业务用语不知已经重复多少遍。于是，播得像顺口溜一样，语言定型，播音成了一种机械的活动。对于旅客来说，很可能这才是第一次听到。因此，不管播多少遍，都应当像第一遍一样，每次要动脑筋、动感情。播音时要用脑子支配嘴，脑子里要有所播讲的内容和图像，增强播音的对象感。只有这样，语言才能有实在感、新鲜感。

三、高铁乘务播音的技巧

（一）播音中的换气

停顿除为了休息换气外，更是为了充分表达广播员的思想感情。停顿包括语法停顿和语意停顿。语法停顿包括自然段落、标点符号的停顿，要条理分明。句子中的也要注意逻辑停顿，语断气连就是其中的一个方法。

（二）把握重音

就是在词和语句中读得比较重，扩大音域或延长声音，可突出文章的重点，表达自己的感情，重音可分为语句重音和思想重音。

（三）气息的控制

换气就是用气的过程，播出的内容千变万化，要采用不同的用气方法。补气和换气是一种朗诵技巧。依情取气，依照感情发展的变化采取不同的用气方法。

补气的方式：偷气、抢气、就气，边听边读边体会。方法指导：读短小精悍的诗歌、绕口令、散文之类的文学作品进行发声练习。

紧张实际表现为口唇的紧张。在广播之前要做些口唇练习，如将舌头在口腔内360°大循环15次左右。

（四）声音的魅力

美妙的声音来自正确的呼吸。气息短、坐姿不正确会造成紧张。坐如钟，头背一线，双脚自然垂直，深呼吸时要深，不要耸肩。

播音最主要是要抒发一种情怀、一种心情，引起旅客的共鸣。应该将自己融入广播稿中，不要理会其他。

练习远近距离感，使自己的广播有目标对象。

（五）呼　吸

要有一定的呼吸储量，要口鼻共同呼吸。呼吸要深，要用丹田呼吸，将两肋打开，小腹收紧，肚皮始终是硬的，这就是气息支撑。不管自然条件多么困难，也要把气沉下去。胸腔共鸣能产生磁性的声音。可练习《24个葫芦48个瓢》。

前后鼻音一定要读准，如 an, en, in, un, ang, eng, ing, ong。

平翘舌音一定要读准，如：zh, ch, sh, r, z, c, s。

边鼻音 n 和 l 一定要读准。

典型工作任务3　常见及特殊情况处理技巧

 任务引入

高铁乘务人员在高铁服务中可能会遇到一些特殊情况，比如乘客间发生矛盾，这时候需要高铁乘务人员具备处理这种特殊情况的能力。高铁乘务人员除了要有渊博的知识、诚恳的服务态度、专业的服务技能，还要掌握一些特殊情况的沟通技巧，带着爱心和智慧扮演乘客需要的角色。

 知识准备

一、紧急情况下说服人的技巧

对高铁中不规范行为的说服。说服不是件容易的事情，将会遇到种种有形、无形的抗拒，要说服当事人有效改正，不仅要求说服者人品令人信服，而且要以对方关心的事为话题，让对方容易理解。一般来说，应从赞赏和鼓励开始，给对方留面子，让对方能够理解高铁的规定，要使沟通的气氛保持融洽。

二、对违规乘客的说服技巧

旅客违反安全规定要制止，但要注意方法，尽量避免矛盾激化，矛盾激化了只会造成更多的冲突。如按照铁路的规定，不允许在车厢里吸烟。可有的乘客在乘务员广播时不认真听，还要去车厢或厕所吸烟。这时候乘务员要立即进行制止和说服教育，说明利害关系。可先从乘客的角度入手："这位乘客，您好！请不要在车厢内任何地方吸烟，因为一旦有人吸烟，烟雾报警器将会自动鸣响，列车将会降速运行，造成晚点,请您支持配合我们的工作。"处理手段应视旅客行为带来的后果及旅客行为的性质(无意或有意)而定。

乘务员在迎客时应注意观察,及时制止旅客的不当行为。比如如果旅客已经将泡沫海鲜箱放在行李架上,乘务员应巧妙地询问行李的主人是谁,然后帮他(她)找个妥善的位置安排,最后再礼貌地向他解释海鲜箱放行李架上的不利影响,希望旅客能够理解配合。在处理事情上应顾全大局,把握好"度"。在自己能力范围内可以解决的,可事后向列车长汇报。

三、处理列车晚点技巧

列车晚点时乘客情绪普遍烦躁,乘务员要用加倍周到的服务来缓解旅客的烦躁和焦虑,同时要在解释时阐明铁路总公司是以安全为根本的,以取得旅客的理解和支持。

四、与特殊病人的沟通技巧

也许是因为和旅客相处时间较长的缘故,一些特殊案例往往都发生在旅途中。特别针对一些病人,高铁乘务人员的沟通一定要讲究技巧,多给予关心和鼓励。比如有经验的老乘务员往往说:"不用担心,我们会像医护人员一样照顾您。"

五、与聋哑残疾旅客的沟通技巧

随着残疾人事业的发展,对残疾人的帮扶行动渐渐从"扶贫解困"走向让残疾人无障碍融入社会环境,让残疾人发展自我、成就自我的新时代。高铁乘务人员在工作中应重视对聋哑旅客的关爱,学习一些必要的手语,构筑与聋哑旅客沟通的桥梁。播音与沟通并不是截然分开的,而是可以相互转化的,如列车到站时根据需要决定是用播音设备还是口播形式,必要时可配合肢体动作。

 项目训练

紧急(特殊)情况广播词和应急用语
【广播找人】
现在广播找人,乘坐本次列车去×的×旅客,听到广播后,请到×号车厢,有人找您。
【紧急寻医求助】
现在紧急求助,×号车厢有一位旅客临时发生疾病(突然晕厥、休克或分娩),

情况危急，我们全体乘务人员代表旅客患者求助寻医，那位旅客是医务人员，请速到×号车厢协助救护，我们代表患者向您致以由衷的敬意！

【寻医答谢】

经过×医院×医生的诊断治疗和大家的帮助，×号车厢旅客的病情已有所好转（转危为安），我们全体乘务人员向×医生（和伸出援助之手的旅客们）表示由衷的感谢。

【临时停车】

列车现在是临时停车，请旅客们尽量减少在车内行走，带儿童旅行的旅客请注意看护好您的孩子，注意安全。

【列车长晚点致歉】

我是本次列车列车长，由于×（自然灾害、事故影响、设备故障等）原因，造成列车晚点，现在已经晚点×小时×分。因列车晚点给您带来不便，我代表铁路部门向您表示诚挚的歉意。

【晚点免费送餐】

由于列车晚点延误了您的旅行，我们深表歉意！现在为大家准备了免费食品，工作人员将按顺序送餐到位，请您稍加等候。

【重点旅客供餐】

由于×（暴雪、洪水、塌方、泥石流……）原因，造成本次列车受阻，开车时间暂时不能确定，铁路部门正在（与地方政府联系）积极采取措施进行抢修，并组织有关人员向我们列车运送食品和饮料。但是，由于道路堵塞，食品（救援物资）一时无法送达，列车上的食品只能暂时满足老人、儿童、孕妇等重点旅客，请旅客们给予谅解。我们将积极联系有关方面，尽快解决大家的饮食需要。

【恢复供餐】

在铁路部门的积极努力下（在地方政府的大力协助下），救援食品已安全送达，我们将把食品按顺序发放到您面前，请旅客们在座位上等候。

【电茶炉故障】

本次列车×号车厢电茶炉临时发生故障，随车技术人员正在抢修，在抢修期间，请您到邻近车厢取用开水，由此带来的不便敬请谅解。

【集便器故障】

×号车厢卫生间集便器临时出现故障，经随车技术人员鉴定需要到站修复。临近车厢的卫生间设备完好，可以提供使用，由此给您带来的不便敬请谅解，谢谢您的支持与合作。

【车门故障】

由于×号车厢车门自动控制系统临时发生故障，我们将通过人工方式开启车门，下车的旅客请不要拥堵在车门附近，避让出工作通道，谢谢您的合作。

【个别车厢空调故障】

现在×号车厢空调设备临时出现故障，系统不能正常工作，技术人员正在全力抢修。由于天气闷热（寒冷），给您的旅行带来不便，我们诚恳地向您致歉，并请您谅解，谢谢支持。

【全列空调故障】

由于×（线路设备、接触网、受电弓等）故障，造成全列车无电，空调不能正常工作，我们深表歉意，在此向您诚恳致歉。现在，列车拟开启×号、×号和×号车厢车门进行通风。为了安全，我们要在开启的车门处安装防护网，为了安全请旅客们不要靠近车门，注意安全。在此期间请旅客们要注意看管好自己的行李物品，照顾好随行的老人和儿童。

【线路中断列车停运】

由于×（暴雪、洪水、塌方、泥石流等）原因，前方线路发生故障，本次列车将在×车站停止运行，请您在×车站办理退票手续，由此带来的不便，铁路部门向您表示由衷的歉意。

【线路中断列车绕行】

由于×（暴雪、洪水、塌方、泥石流等）原因，造成路基塌陷（山体滑坡等），本次列车将绕道运行，列车将经由×站到达终点站。有去往×车站的旅客，由于线路中断本次列车不能前行，请您在本站下车后到车站售票厅办理退票或改签手续，由此给您带来的不便，敬请谅解。

【线路中断列车停留】

由于×（暴雪、洪水、塌方、泥石流等）原因，造成线路中断，本次列车需要暂时在此停留，目前铁路部门正在积极抢修，相关信息我们会及时向您通报。由于列车晚点，给您的旅行带来不便，铁路部门表示诚挚的歉意。感谢您的理解与配合。（需要中止旅行的旅客，可在本站下车到售票处办理未乘区间的退款手续。）

【列车长时间受阻】

我们目前遇到了×年未遇的特大灾害，情况十分严峻，我们所有乘务人员都将以旅客利益为最高目标，全心全意服务在大家身边。我们会及时通报救灾和列车开通工作进展情况，解决大家的饮食问题和临时困难，衷心希望旅客中的共产党员、共青团员、解放军战士、人民警察能和我们一起，帮助老、弱、病、残、孕等重点旅客。也请广大旅客保持镇定并一起遵守列车秩序，让我们团结一致，众志成城，共渡难关。

【恢复通车】

历经×小时的努力，我们终于一起战胜了×（冰雪、洪水、塌方、泥石流等）带来的困难，现在就要恢复通车了。我们向在此过程中参与工作和帮助过其他旅客的爱心人士表示由衷的感谢，各岗位乘务人员请各就各位，列车很快就要开车了。

【启动热备车】

本次列车发生设备故障不能继续运行，需要旅客们换乘另外一组列车，请协助整理好自己的随身物品，按先后顺序，排队下车转乘同一站台对面停留的列车（如在区间播：经由×号车门渡板到邻线对面列车，在渡板上行走时请听从工作人员指挥，按顺序有序通行，注意安全，特别要注意不要抢行，严禁拥挤），按照原有车厢、座席对号入座。如果您的座位号与原有车厢发生变化时，请按列车工作人员指定的座位号就座。如从高等级更换为低等级座席时，经列车和车站工作人员确认后到站退回差价，请给予理解和协助。

【火灾疏散】

（车内疏散）

本次列车的×车厢出现火情，请乘坐在×号车厢的旅客，紧急疏散到邻近车厢，疏散时不要拥挤、保持车厢通畅。其他车厢的旅客请不要走动，让开通道，帮助疏散过来的老人、儿童和行动不便的旅客。我们列车工作人员正在全力组织灭火，险情很快就会排除。

（车下疏散）

本次列车的×号车厢出现火情，需要旅客们紧急疏散到车下。因×次列车工作人员较少，特请解放军战士、人民警察和志愿者们协助我们组织旅客紧急撤离。现在车门已经打开，请旅客们顺序排队，下车时请不要拥挤、不要慌忙抢下，特别要注意邻线随时有列车通过。下车后请停留在列车工作人员指定的地点，照顾好老人和儿童。

【疫情提示】

欢迎您乘坐×次列车旅行。列车是个公共场所，车厢人员密集，容易造成疾病传播后果（现在是×病情传播期，主要症状是发热）。为了您和他人的健康，本次列车代表铁路部门提醒您，如有发热、流涕、咳嗽等感冒症状，请及时与列车乘务员联系妥善处理。希望得到您的支持与配合。

【疫情疏散】

现在紧急通知，列车×号车厢有位发热病人（×病疑似病人），列车对该旅客和密切接触者要立即实施隔离，现在立刻封闭×号车厢（×区域）。为避免增加病情传染机会，各车厢的旅客，请不要走动，不要向车站扔垃圾，谢谢您的配合与支持。

【晚点旅客不下车】

（特定情况劝阻）

本次列车由于×（暴雪、洪水、塌方、泥石流、设备故障等）原因，晚点到达终点站×车站。20分钟后该趟列车即将担任高铁×车次继续运送旅客。由于列车晚点，部分旅客要求维护自己的权益而没有下车，对此我们予以充分理解，但占据列车影响下趟列车的开行是不理智的。根据《铁路运输安全保护条例》和铁道部、公安部《关于维护铁路运输秩序保障列车正常运行的通告》规定，任何单位和个人不得非法拦截列车、以拒绝下车等方式强占列车、车辆，阻断铁路运输。请旅客们顾全大局，先行离开，再以合法方式维护自己的利益。谢谢您的合作！

（更严重情况宣讲）

滞留在×号车厢的旅客，请马上下车，你们的行为已经影响到列车正常的运输秩序，损害了大多数旅客的利益，他们购买车票的列车在你们的影响下不能正点开出，你们的行为已经涉嫌触犯法律。为此，要求你们立即下车，迅速离开车厢。对拒不下车的，公安人员将采取强制措施。希望广大旅客以大局为重，遵守国家法律、法规，积极配合铁路部门迅速恢复铁路运输秩序。

参考文献

[1] 吴弘毅. 实用播音教程[M]. 北京：中国传媒大学出版社，2002.
[2] 赵秀环. 播音主持艺术[M]. 北京：中国传媒大学出版社，2016.
[3] 魏全斌. 航空服务口语交际与播音技巧[M]. 北京：北京师范大学出版社，2013.
[4] 刘晖. 空乘服务沟通与播音技巧[M]. 北京：旅游教育出版社，2016.
[5] 林名清. 车站广播指南[M]. 北京：中国铁道出版社，1991.